KB073928

기억하겠습니다

기억하겠습니다

일본군 위안부가 된 남한과 북한의 여성들

이토 다카시 글·사진
안해룡·이은 옮김

일러두기

1 일본군 전용 성노예가 되었던 여성을 '일본군 성노예 피해자' '성노예 피해자' '피해 여성'으로 표기했습니다. '위안부' '종군위안부'라는 표현은 증언자 자신이 한 경우에만 그대로 표기했습니다.

2 남북이 분단되기 전 한반도를 '조선'으로 표기했습니다. 분단 이후 군사분계선의 남쪽을 '남한', 북쪽을 '북한'으로 표기했습니다. 증언 중에 나오는 경우에도 이렇게 통일했습니다.

3 증언 중 등장하는 연령과 생년월일 등은 증언자가 말하는 대로 표기했습니다. 이는 양력이거나 음력일 수도 있습니다. 또한, 생년월일은 실제 태어난 때가 아니라 주민등록에 기록된 내용일 수도 있습니다.

4 증언 중에 '만주' '북지' 등은 일본제국주의 시대의 표현이지만, 기록성을 중시하기 위해 그대로 두었습니다.

5 증언 중의 한국 원으로 표기된 금액은 취재 당시 일본 엔 환율을 기준으로 한 것입니다.

침묵을 깬 여성들

피해자들과 만났던 35년

김학순 할머니와 처음 만난 것은 1991년 10월 21일. 이후 일본군에 의해 성노예가 되었던 여성들을 찾아 남한과 북한만이 아니라 대만, 중국, 필리핀, 인도네시아 등을 돌며 집중적으로 취재했다.

일본군의 '소모품'이 되어 인간의 존엄을 철저하게 유린당한 여성들…. 그들은 지금도 일본에 대한 격한 분노와 증오를 가슴에 담고 있다. 이것은 일본 정부만이 아니라 일본인을 향하기도 한다. 피해 여성의 처지에서 보면 나는 일본인이다. 그런 내가 그들이 일본군에게 피해를 보았던 당시 상황을 취재하고 있는 모양새다. 더구나 필자가 피해 여성들을 취재하기 시작한 것은 그들이 얼굴을 드러내고 증언하기 시작한 직후다.

취재 과정에서 할머니들은 격한 반응을 보이기도 했다. 남한의 황금주 할머니는 취재 도중 테이프 녹음기를 집어 던지기도 했다. 심미자 할머니는 자신의 체험을 이야기하다가 때때로 이에 대한 내 생각을 물었다. 북한의 정옥순 할머니는 이야기하다가 의자에서 일어나 조금씩 나에게 다가왔다. 눈앞에 있던 내가 순간 일본군으로 보였는지도 모른다.

이처럼 정신적으로 힘들었던 취재는 없었다. 나는 내가 일본인이자 남성이라는 것을 끊임없이 자문해야 했다. 몇 번이나 그만둬야겠다고 생각도 했다. 그럼에도 불구하고 내가 90여 명의 일본군 성노예 피해자를 취재한 데는 큰 이유가 있다.

취미로 사진을 찍기 시작한 나는 바로 다큐멘터리 사진에 관심을 가지게 되었다. 1981년부터 히로시마와 나가사키를 오가면서 미국이 투하한 두 발의 원자폭탄 피해 실태를 취재하면서 약 7만 명에 달하는 조선인이 피폭당했다는 사실을 알게 되었다. 일본 사회에서 전혀 알지 못했던 사실과 만나면서 필자는 엄청난 충격을 받았다.

그때부터 일본은 물론 한반도에서 사는 피폭자들을 취재했다. 계속해서 일본의 식민지 지배로 여러 가지 피해를 보았던 사람들을 만나 이야기를 들었다. 사할린과 일본의 탄광 등에 강제 동원되어 노동해야 했던 사람들, 일본의 군인·군속으로 전장에 가야 했던 사람들, 미쓰비시중공업 등의 군수 공장에 '근로정신대'로 끌려간 여성들 등….

취재 범위는 일본과 한국을 넘어 아시아를 향했다. 일본이 식민지 지배와 침략 전쟁을 전개했던 아시아태평양 각국에서 여러 피해를 보았던 사람들과 만났다. 일본의 지배에서 해방되어 처음으로 만나 이야기한 일본인이 나였던 경우도 많았다. 피해자들을 만날 때마다 일본에 대한 격한 분노와 마주해야 했다. 나는 과거에 일본이 저질렀던 일들을 일본인이 직접 기록해야 한다고 생각했다. 그리고 피해자들의 분노와 슬픔을 괴롭더라도 정면에서 마주해야 한다고 결심했다.

내가 아시아태평양 각국에서 지금까지 취재한 피해자는 800명에 이른다. 이러한 경험이 있었기에 성노예 피해자들에 대한 취재를 계속할 수 있었다고 생각한다.

피해 여성들에 대한 취재를 계속했던 이유는 무엇보다도 일본의 중대한 국가 범죄를 분명하게 규명하는 것이 일본의 현재와 미래를 위해 필요하다고 확신했기 때문이다. 인류는 과거의 교훈을 통해 계속 진보해왔다. 하지만 근대 일본은 이러한 보편적 진리를 의도적으로 외면해왔다.

많은 피해자의 이야기를 들으면서 과거의 범죄를 은폐하고 다시금 전쟁의 길로 나아가고 있는 일본의 모습을 확실하게 인식할 수 있었다. 일본인 저널리스트가 해야 하는 일은 과거에 일본의 피해를 보았던 사람들의 목소리를 많은 사람에게 전하는 것이라 다짐한다.

과거와 마주하지 않는 일본

《기억하겠습니다》를 2014년 일본에서 출판한 이후 일본군 성노예 문제에 관해서 일본과 한국 정부 사이에 큰 사건이 있었다. 하나는 2015년 12월 28일에 발표된 일본군 위안부에 관한 한일 합의다.

일본 정부가 10억 엔을 출연하고 한국 정부가 이것을 피해 여성과 유족에게 지급하는 재단을 설립한다는 내용이다. 2016년 7월 28일에 발족한 '화해치유재단'은 일본 정부에 돈을 지급할 때 아베 총리 명의의 '사죄 편지'를 첨부하도록 요청했다. 하지만 아베 총리는 "털끝만치도 생각이 없다"고 거부했다. 피해 여성에게는 1억 원, 유족에게는 2000만 원의 현금이 일부 피해자에게 전달되었다.

이 합의의 배경에는 미국 오바마 대통령의 강력한 압력이 있었다. 한미일 군사동맹의 강화에 장애가 되는 일본군 성노예 문제에 대한 한일 대립을 해소시켜야 했던 것이다. 이처럼 무리하게 진행된 정치적 결탁이었다. 그 때문에 일본은 국가로서의 사죄도 없었다.

할머니들의 의사는 무시되었고 근본적인 해결과도 소원한 타협의 산물이었다.

일본 정부는 이전에도 이와 비슷한 일을 시행한 바 있다. 1995년 7월에 '여성을 위한 아시아 평화국민기금'을 발족했다. 이 계획안을 들었을 때 나는 직감적으로 이 사업을 피해 여성들이 받아들이기는 어려울 것으로 생각했다. 그때까지 피해 여성을 취재한 경험을 통해 그들이 일본 정부에 근본적으로 요구하는 것은 국가 차원에서 마음을 담아 사죄하는 것이라는 것을 알고 있었기 때문이었다. 국민기금이나 화해치유재단은 모두 일본 정부가 피해 여성들에 대한 명확한 사죄와 배상의 책임을 회피하기 위한 장치다. 한일합의를 파기하고 할머니들이 납득할 수 있는 근본적인 해결책이 제시되어야 한다.

일본 정부는 일본군 성노예 피해자만이 아니라 다른 피해자에 대해서도 '위로금' '지원금' 등의 명목으로 돈을 지급하기는 했지만, 일본의 가해 책임을 인정하는 보상 및 배상의 형태로는 결코 지급하지 않았다. 과거와 마주하지 않는 일본 정부, 그리고 이를 용인하는 일본 사회가 향하고 있는 것은 '전쟁을 할 수 있는 나라'다.

또다른 사건의 하나는 서울에 있는 일본대사관과 부산에 있는 일본영사관 앞에 설치된 '평화의 소녀상'에 관한 것이다. 소녀상의 설치는 한일합의에 반대하는 운동의 일환으로 많은 힘을 얻으면서 남한만이 아니라 미국, 호주, 중국 등 80여 곳에 설치되었다.

일본 정부는 대사관과 영사관 앞에 소녀상을 설치하는 것은 외교관계에 관한 '빈 조약'을 위반했다고 주장하면서 강력하게 반발하고 있다. 하지만 소녀상은 지방자치단체의 지원과 용인하에 공공장소에 설치되어 있다. 소녀상이 증가하는 이유는 일본 정부가 피해 여성들에 대해 진심 어린 사죄를 거부하고 재발 방지를 위한 진상 규명과 올바른 역사교육을 하지 않기 때문이다. 일본 정부가 식민지 지배와 침략으로 피해를 보았던 사람들에 대하여 적반하장의 태도를 계속해서 유지한다면 제2, 제3의 '소녀상 문제'는 반드시 일어날 것이다.

피해자 증언을 역사에 남기다

나는 이렇게 오랫동안 성노에 피해자 문제가 지속될 줄은 생각지도 못했다. 벌써 오래전에 끝나야 하는 문제였다. 하지만 일본 정부는 근본적인 문제를 해결하지 않고 끝내려 했고, 일본 사회에서도 위안부 제도에 대한 일본군의 관여와 강제성을 부인하는 역사수정주의가 대두했다. 이것이 이 문제가 지금까지 해결되지 못한 이유다.

일본에서는 가해의 역사를 소홀히 하고 있을 뿐만이 아니라 아시아태평양전쟁의 기억이 희박해지고 있다. 이는 남한이나 북한

서울의 일본대사관 앞에 있는 '평화의 소녀상'.

에서도 마찬가지다. 식민지 지배에 의한 피해의 기억은 급속히 풍화해가고 있다. 가장 큰 이유는 이미 피해자 대부분이 사망했기 때문이다. 다른 나라를 침략하고 지배하지 않는 세계를 만들기 위해서는 여러 피해자의 경험을 기록해서 후세에 남겨야 할 것이다. 이 책이 이런 일을 조금이나마 할 수 있다면 좋겠다.

나는 새로운 프로젝트를 준비하고 있다. 지금까지 피해자들을 취재한 기록은 많은 잡지와 단행본을 통해서 발표해왔다. 하지만 생생한 체험을 전달하기 위해서는 피해자의 목소리와 모습을 소개하는 것이 무엇보다도 중요하다고 생각한다. 초기에 피해자들을 취재할 때는 사진과 함께 목소리를 녹음테이프에 담았다. 1995년부터는 디지털 비디오카메라를 가지고 촬영했다.

이것을 편집한 동영상을 보존하고 공개하는 활동을 시작했다. 한 사람의 증언을 15분에서 30분 정도로 편집해서 일본어판, 영어판, 한국어판으로 제작할 예정이다. 이것은 '식민지 지배·침략의 피해자 증언을 기록하는 모임'의 웹사이트(http://artic.or.jp)에서 공개할 예정이다. 민간이나 공공 자료관, 박물관 등에 무상으로 제공할 계획이다.

2017년 3월
이토 다카시

무궁화의 슬픔

일본군의 성노예 제도

1918년 일본은 1년 전 수립된 소비에트 정권(소련)을 타도하기 위해 시베리아 출병을 감행했다. 이때 일본군 병사 약 7만 2000명 가운데 1만 8000명이 성병에 걸렸다. 이 때문에 일본군은 1932년 제1차 상하이 사변[1]을 일으켜 침공한 중국에 최초로 군 위안소를 설치했다. 일본군은 장교와 병사가 성병에 걸리는 것을 방지하기 위해 군이 관리하는 위안소에서 군인들이 젊고 건강한 여성들과 성행위를 할 수 있게 했다. 강간 사건을 방지하고, 휴가도 없는 가혹한 군대 생활에 대한 불만을 해소하기 위한 것도 이 제도의 목적이었다.

여러 국적의 여성들이 군 위안소에서 노예 상태에 처했다. 그들은 일본인과 일본 통치하에 있던 조선인, 대만인 그리고 점령지였던 중국인, 필리핀인, 인도네시아인 등이었다. 또한 인도네시아에서 살고 있던 네덜란드인[2]도 피해를 입었다.

이러한 피해 여성들의 규모에 대해서는 8만 명이나 20만 명 등의 수치가 있기는 하지만 모두 추정에 불과하다. 하지만 규모와 관계없이 상당히 많은 여성이 국가에 의해 성노예가 되었다. 이것이 인류 역사에 오점을 남긴 대사건이라는 건 분명하다. 이만큼 대규모로 여성을 군대 전용의 성노예로 만든 국가는 일본뿐이다.

노예 상태에 처한 여성들

지금도 일반적으로 사용되는 '종군위안부'라는 단어는 군 위안소에서 여성들이 받았던 피해 실태와는 너무나 동떨어져 있다. 피해 여성들은 자발적으로 '종군'한 것이 아니다. 장기간 감금하고 집단으로 강간한 행위를 '위안'이라고 부를 수 없다. 정확히 표현하면 '일본군 전용 성노예'다.

피해 여성들이 군 위안소로 동원되는 방법은 군의 앞잡이인 민간업자에게 사기를 당하거나 군·관헌에게 납치되는 등 다양하다. 어떤 경우든 자신의 의사에 반하여 군 위안소로 들어갔다. 중요한 것은 동원 방법이 아니다. 모든 피해 여성이 군 위안소에서 폭력적인 관리하에 모든 권리와 자유를 빼앗기고 인간의 존엄이 부정되었다는 점이다. 점령지에서 학살, 약탈, 방화 등의 잔혹 행위를 했던

일본군이 필리핀에서 발행한 페소화로 된 군표. /위
인도네시아 자바 섬의 수카부미에서 일본군 위안부가 되었던 여성들. /아래

인도네시아 스마랑 위안소로 동원되었던 네덜란드인 젠 오허네.

장병들도 군 위안소로 왔다. 이 때문에 여러 나라의 여성들은 난폭하게 다루어졌고, 죽음 대신 여성을 데려갈 것처럼 '소모품'으로 취급되었다. 노예 그 자체였다. 피해 여성 다수의 증언에 따르면 상당수의 여성이 군 위안소에서 살해되거나 병사했다.

　군 위안소를 설치한 경위 등에 의해 여성들은 거의 가치가 없

기억하겠습니다

필리핀 마닐라 시내에는 군 위안소로 사용되었던 호화저택이 남아 있다.

는 '군표[3]'를 받는 경우도 있었지만, 노예 상태에 놓여 있었다는 점은 분명하다.

　일본 정부는 피해 여성들이 군과 관헌에 의하여 군 위안소로 동원되었다는 '협의의 강제성'을 보여주는 문서는 없다는 입장을 견지해왔다. 하지만 그것은 어떻게든 나쁜 사실을 의도적으로 무시하는 놀랄 만한 행위다. 예를 들어 인도네시아에서 네덜란드인 여성들을 군 위안소로 동원한 '스마랑 사건(백마 사건)'의 경우 패전 후 바타비아 임시군법회의에서 책임자에게는 사형이, 장교 일곱 명과 군속 네 명에게는 유죄 판결이 내려졌다. 이에 관한 재판자료와 네덜란드 정부의 조사보고서는 공표되어 있다.

조선 안에도 설치된 군 위안소

여성들의 동원과 군 위안소의 관리와 운영은 군이 직접하거나 군이 민간업자에 위탁했다. 군 위안소는 일본군이 침략한 장소라면 부대 안이든 그 부근이든 상관없이, 최전선에도 설치되었다. 그뿐만 아니라 일본이 통치하고 있던 조선, 대만 등과 오키나와, 일본 본토에도 설치되었다.

일본군의 위안소였던 건물은 지금도 아시아 각지에 극히 일부가 남아 있다. 일본군은 점령지에서 크고 견고한 건물을 접수하여 군 위안소로 사용했다. 필자가 필리핀에서 만났던 몇 명의 피해 여성들은 자신이 동원되었던 루손 섬, 바나이 섬에 남아 있던 건물로 안내해주었다.[4] 당사자 본인에게는 큰 고통이었을 것이다. 하지만 현장에서 들은 구체적인 설명을 통해 당시의 상황을 잘 이해할 수 있었다.

일본군 스스로 군 위안소를 만든 경우도 있었다. 러시아와 중국 동북지방과 가까운 한반도 북부 함경북도 청진시에서는 두 개의 군 위안소가 발견되었다. 내가 방진동에 남아 있는 일본 해군의 위안소를 취재한 것은 1999년 7월이었다.[5] 당시 150세대밖에 없는 이 한적한 마을에 '긴쓰키로銀月樓'와 '도요미로豊海樓'라는 이름의 해군 위안소가 건설되었다. 약 1킬로미터 떨어진 윤진항에 해군기지가 있었다. 기지와 그곳에 입항하는 장병들을 위한 시설이었다. 이 군 위안소의 건설 자재와 여성들의 식자재는 해군기지에서 가지고 왔다. 두 동의 군 위안소 건물은 지금도 당시와 거의 같은 상태로 남아 있다. 두 건물 모두 현관을 들어서면 '대기소'가 있다. 그리고 건물 중앙 복도 양편으로 같은 크기의 작은 방이 늘어선 구조였다.

2002년 8월에는 나남구역의 군 위안소 흔적을 방문했다.[6] 나남은 육군 제19사단이 주둔한 군사도시였다. 1만 5000명에서 2만 명의 장병이 있었을 것으로 추정된다. 민간인 전용 유곽은 중심부에 세 채가 있었고, 교외에 군인용 위안소 10여 동이 건설되었다. 이곳은 산과 고가 철길로 둘러싸여 외부와는 격리된 장소였다. 민간 업자가 운영하던 '미와노사토美輪の里'라는 이름의 위안소가 있었다.

차별 사회가 만들어낸 제도

일본은 '매춘방지법[7]'이 전면 시행된 1958년 4월까지 국가에 의

한 관리 매춘을 공인해왔다. 여성의 인권과 존엄을 현저히 경시하는 사회였다. 이 때문에 해외로 침략이 급속히 진전되었던 점령지에서도 장병을 '위안'하는 방법으로 여성들과 성행위를 하게 하는 발상을 했던 것이다.

일본군에 의해 성노예가 된 여성 대부분은 조선과 아시아태평양 사람들이었다. 소수의 일본인 여성은 빈곤 때문에 인신매매되었던 사람들이었다. 아시아태평양전쟁으로 해외로 나간 일본군 장병은 약 300만 명. 이 정도 규모의 장병을 위한 막대한 수의 젊은 미혼 여성은 속이거나 납치하지 않으면 모을 수 없었을 것이다.

그래서 일본은 일본인을 제외한 아시아태평양 여러 나라의 여성들에 대해서만 비인도적인 방법을 자행했다. 이것은 아시아태평양 사람들에 대한 민족 차별의 반영이었다. 일본군에 의한 이 '성노예제도'는 여성 차별과 민족 차별이 뿌리깊은 일본 사회에 의해 필연적으로 만들어진 것이다.

해방 후에도 계속되는 피해

1945년 8월 15일 일본의 패전으로 아시아태평양 각지의 군 위

북한의 방진에 남아 있는 일본 해군 위안소 건물. /위
일본 육군의 위안소가 있었던 지역. 북한의 나남. /아래

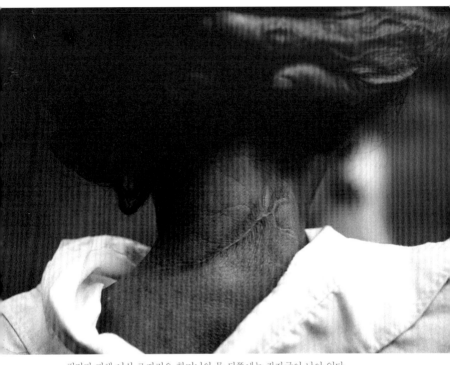

필리핀 피해 여성 로자리오 할머니의 목 뒤쪽에는 칼자국이 남아 있다.

안소에 있었던 여성들은 해방되었다. 하지만 그날을 맞이하기도 전에 필리핀이나 중국에서는 일본군이 철수할 때 군 위안소에 있었던 여성들을 모두 살해하기도 했다.[8] 또한, 아득히 먼 나라의 군 위안소까지 동원된 조선인 여성들을 그 나라에 그대로 내팽개치기도 했다.

기억하겠습니다

일본은 아시아태평양전쟁으로 통치·지배하고 있던 조선, 대만, 중국 등에서 엄청난 수의 사람을 강제 동원했다. 다양한 피해자 가운데 특히 일본군에 의한 성노예 피해자와 히로시마, 나가사키의 피폭자[9], 사할린 잔류 조선인[10]에 대한 피해는 일본 패전 이후에도 계속되었다. 특히 성노예가 되었던 여성들은 군 위안소의 가혹한 체험으로 인해 정신적으로도 커다란 상처를 입었다. 정신적인 불안정만이 아니라 남성에 대한 공포 때문에 결혼을 포기하거나 결혼했지만 남편에게조차 자신의 체험을 말할 수 없었다. 피해 여성들이 이름을 밝히고 나오게 된 데에는 일본을 고발한다는 것만이 아니라 혐오스러운 체험을 가슴 속에 계속 묻어두는 고통에서 해방되고자 하는 이유도 있었다.

일본도에 베인 상처나 문신 등 육체적인 상처로 고통받은 사람도 있었다. 결혼해서도 자녀를 가질 수 없었던 사람도 많았다. 또한 내가 남한의 지방도시에서 만난 피해 여성 중에는 일본군의 아이를 낳고 키운 사람도 있었다. 중국 동북지방의 군 위안소에서 임신했지만, 이 사실이 알려지면 죽을 수도 있었다. 이 때문에 식욕이 없어도 나오는 식사를 억지로 먹으면서 임신 사실을 숨겼다. 곧 해방을 맞았고 다음 해 1월에 출산했다. 물론 아버지가 누구인지는 알 수 없었다. 이 여성은 지금까지 자녀에게 이 사실을 숨겨왔다.

침묵을 깬 여성들

나는 1980년대 초반부터 아시아태평양전쟁에서 일본에 의해 피해를 보았던 사람들을 취재해왔다. 이 가운데 언젠가는 만나서 이야기를 듣고 싶다고 계속 생각해왔던 것이 일본군에 의한 성노예 피해자 문제였다. '황군' 장병의 성욕을 충족시키기 위해 여성들이 동원되었다는 것은 전쟁 중에 부족한 노동자나 병사를 보충하기 위한 강제 동원과는 성격이 전혀 다르다. 아시아 능멸 사상에 기반해 일본이 행한 침략전쟁의 본질이 '성노예 제도'로 명확하게 드러나고 있다.

이 성노예 피해자에 대한 취재를 위해 노력했지만, 할 수가 없었다. 자신의 의사를 가지고 적극적으로 체험을 이야기해줄 사람이 아무도 없었다. 하지만 1991년 8월 14일 놀랄 만한 일이 일어났다. 영원히 지속될 것 같았던 침묵을 깨고 김학순 할머니가 한국에서 얼굴을 드러내고 자신이 피해자임을 밝혔던 것이다. 나는 바로 취재를 신청했다. 상당한 긴장한 상태에서 그녀의 이야기를 들었다. 그리고 김학순 할머니에 이어 계속해서 이름을 밝힌 피해 여성들을 만났다.

남한을 시작으로 북한, 대만, 필리핀, 중국, 인도네시아, 말레이시아에서 하나둘씩 피해 여성들이 나타나기 시작했다. 인도네시아에서 피해를 보았던 네덜란드인 여성도 자신의 체험을 사람들에게

마닐라 시내 일본대사관 앞에서 시위를 하는 필리핀 피해 여성들.

털어놓았다. 어떤 나라의 피해 여성이든 일본군에게 당했던 혐오스
러운 체험이 드러나지 않도록 한결같이 숨겨왔다. 그럼에도 불구하
고 일본군에 의해 빼앗긴 인간으로서의 존엄을 돌려받기 위해 자신
을 드러냈던 것이다. 역사의 암흑 속에 묻혀 사라져가던 국가에 의
한 중대한 범죄가 그녀들의 용기 있는 고발로 서서히 폭로되기 시

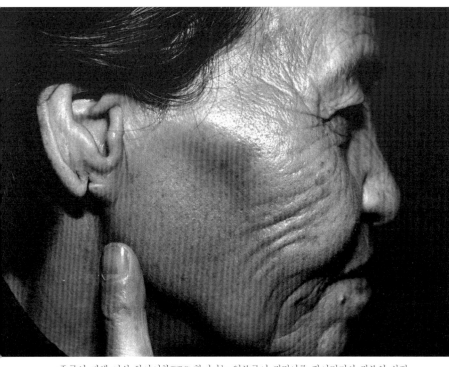

중국인 피해 여성 완아이화萬愛花 할머니는 일본군이 귀걸이를 잡아당겨서 귓불의 살집
이 뜯겨나갔다.

작했다.

일본을 규탄하는 피해 여성들의 분노가 담긴 언어와 기백으로
밝혀진 일본군의 잔혹한 행위는 취재 의욕을 순간 잃어버릴 정도
로 충격적이었다. 그리고 나 자신에게 여성이나 타민족에 대한 차별

기억하겠습니다

의식이 있는지 스스로 물어보아야 했다.

엄중하게 추궁당한 일본

일본 정부는 1993년 고노 요헤이 관방장관 명의로 담화를 발표했다. 군 위안소 설치에 일본군이 직간접으로 관여했다는 점, 피해 여성들 가운데 본인 의사에 반하여 동원된 사례가 다수 있고, 관헌 등이 직접 동원에 가담했다는 점 등을 인정했다.

1995년 '여성을 위한 아시아평화국민기금(이하 국민기금)'이 설립되었다. 일본 정부가 보상하지 않지만, 민간이 모은 기금을 일부 피해 여성에게 지급하는 사업을 실시하고, 2007년 해산되었다. 일본 정부가 피해 여성들에 대하여 지금까지 행한 사업은 이것뿐이다.

자신을 드러낸 피해 여성들은 일본 정부에 사죄와 보상을 계속해서 요구했다. 한국인, 필리핀인, 재일한국인, 네덜란드인, 중국인, 대만인 등 피해 여성들이 일본 정부를 상대로 차례로 소송을 제기했지만 모두 기각되었다.

이와 같은 일본 정부의 매우 소극적인 대응에 대하여 UN 인권위원회와 미국 연방의회 하원 본회의, 네덜란드 국회 하원 회의, 캐나다 국회 하원 회의, 유럽연합 의회, 한국 의회, 대만 입법원 등은 피해 여성에 대해 사죄와 보상을 하라고 권고와 결의를 했다. 이처럼 일본의 일본군 성노예 문제에 대한 인식은 국제사회의 인식과 커다란 괴리가 있다.

2016년 여성가족부 통계에 의하면 이름을 밝히고 한국 정부에 등록된 일본군 위안부 피해 여성은 237명이다. 이 가운데 생존자는 2016년 1월 5일 기준으로 55명, 평균 연령은 87세다. 북한은 219명인데, 이 가운데 46명이 이름과 얼굴을 드러내고 증언했다. 공개 증언한 피해 여성 가운데 생존자는 2009년 기준으로 10명 미만이다. 피해를 증언한 사람들은 모든 피해 여성의 극소수에 불과하다. 목소리를 낼 수 없었던 수많은 피해 여성도 대부분 이미 죽었을 것으로 판단된다.

일본군이 짓밟은 인간 존엄을 회복하기 위해 사죄와 보상을 일본 정부에 요구했지만, 뜻을 이루지 못하고 세상을 떠난 남한과 북한의 여성들. 이 책에서는 필자가 인터뷰했던 여성 가운데 이제 세상을 떠난 남한 여성 아홉 명과 북한 여성 열한 명의 증언을 소개하려고 한다.

이름처럼 아름답고 소박한 꽃을 끊임없이 피우는 무궁화. 조선인은 이 꽃에서, 주변 대국으로부터 끊임없는 침략을 받으면서도 저항을 계속해온 자신들의 역사를 읽는다. 분명 '조선 민족의 꽃'이

1991년 12월 6일 도쿄지방법원 앞. 일본 정부의 사죄와 배상을 요구하며 재판을 시작한 일본군 위안부 할머니들.

기억하겠습니다

다. 가련한 무궁화처럼 피해 여성들의 깊은 슬픔과 생각을 그들의 '유언'으로 이 책에 담는다.

1   1932년 1~3월, 중국 상하이에서 벌어진 일본군과 중국군의 충돌. 일본군에 매수된 중국인이 일본인 승려를 살해한 것이 발단이 되었다.

2   졸저 《破られた沈黙》(風媒社, 1993)에 남한 여성과 북한 여성을 포함해서 대만인, 중국인, 네덜란드인, 핀란드인 등의 증언을 담았다.

3   '군용 수표'의 약칭. 군대가 점령지에서 물자 조달을 위해 발행한 유사 지폐. 아시아태평양전쟁 중 일본군은 중국, 인도네시아, 필리핀, 미얀마 등에서 무제한 발행했다. 이 때문에 인플레이션이 일어나 가치가 떨어졌고 일본의 패전으로 휴지 조각이 되었다.

4   졸저 《破られた沈黙》에 증언을 실은 필리핀 피해 여성 마리아 로사 헨슨, 아나스타샤 콜테스, 도마사 살리노그, 사비나 비레가스, 화니타 하모토, 빅토리아 로베스가 안내해주었다.

5   졸고 〈発見された日本海軍'慰安所'〉, 《週刊金曜日》, 1999년 9월 10일자, 17일자와 졸저 《平壤からの告発》(風媒社, 2001)의 〈残っていた日本軍'慰安所'〉에 자세한 기사를 게재했다.

6   졸고 〈羅南に残る日本陸軍の'慰安所'地区〉, 《週刊金曜日》, 2002년 9월 20일자와 졸저 《続・平壤からの告発》(風媒社, 2002)의 〈300人の恨〉에 자세한 기사를 게재했다.

7   1956년 5월에 공포. 정부가 매춘을 관리하는 '공창제도'는 일본에서 에도시대부터 존재하고 있었고, 몇 차례 폐지의 시도가 있었지만 이 법률이 시행되기까지는 실현하지 못했다.

8   졸저 《破られた沈黙》에 증언을 실은 필리핀 피해 여성 로자리오 로프에트 씨, 화니타 하모트 씨, 루피나 페르난데스 씨가 체험한 것이다.

9   졸저 《原爆棄民 韓国・朝鮮人被爆者の証言》(ほるぷ出版, 1987), 필자가 감수한 영화 〈ヒロシマ・ピョンヤン〉(ヒロシマ・ピョンヤン製作委員会), 졸저 《ヒロシマ・ピョンヤン 棄てられた被爆者》(風媒社, 2010)에 자세히 수록했다.

10 졸저 《樺太棄民 残された韓国・朝鮮人の証言》(ほるぷ出版, 1991)에 자세히 수록했다.

차례

피해자 증언

르포르타주

피해자 증언

노청자
盧淸子

내 존재가 가장 확실한 증거입니다

1922년 2월 16일 출생
충청남도 보령에서 생활
2004년 8월 23일 사망

내가 태어난 곳은 유성온천이 있는 대전의 가난한 농촌입니다.

한국 나이로 열일곱이 되던 3월의 일이지요. 어머니와 함께 밭에 콩을 심고 있었는데, 낮이 되자 어머니는 잠깐 집에 갔어요. 그리고 얼마 후 마을 사람들이 와서 "일본인이 처녀들을 데려가고 있다"고 말했지요. 곧바로 어머니가 달려와서 "군인이 오니까 빨리 도망가"며 소리쳤어요.

어머니는 나에게 큰어머니 집으로 도망가라고 하면서 자기가 입고 있던 흰 치마를 벗어 얼굴을 가리기 위해 나에게 덮어씌웠어

일본대사관 앞. 노청자 할머니는 충남 보령에 살고 있었지만
가장 먼저 도착해서 수요시위에 참가했다.

요. 큰어머니 집까지는 3리(1리는 400미터) 정도였지만 나는 "길을 알고 있으니까 혼자 가겠다"고 했어요.

고개 앞에서 여자 우는 소리가 들렸어요. 그쪽을 보니까 군인과 끌려가는 여자가 있더군요. 나는 치마를 뒤집어쓰고 있었기 때문에 가까이 군인이 있는데도 알아차리지 못했어요. 다리가 떨려 도망가지 못하고 다리 위에서 잡혀버렸지요. 이 군인은 붉은 글씨로 '헌병'이라고 쓰인 완장을 하고 있었어요.

100미터 정도 끌려갔는데 거기에는 큰 트럭 세 대와 군인 열 명이 있었어요. 군인들은 대검을 한 소총을 들고 있었습니다. 트럭 한 대에만 덮개가 씌워져 있었습니다. 거기에는 다른 곳에서 끌려온 여자들이 타고 있었어요. 나를 포함해 38명이었습니다. 내가 모르는 사람들뿐이었어요. 열여덟, 열아홉 살 여자들이 많았는데 열여섯 살 아이도 있었습니다. 대부분이 충청남도 사람이었지요. '우리를 죽이는 것은 아닐까' 생각하며 모두 껴안고 울고 있었습니다. 그때 나는 면사무소 서기를 보았어요. 그 여자는 약혼자가 있었는데, 닷새 후 시집가기로 되어 있었지요.

그날 밤 트럭은 기차역에 도착했고, 바로 지붕이 없는 기차를 탔어요. 태어나서 처음 기차를 탄 거였기 때문에 어떤 역이었는지는 몰라요.

나흘 밤낮을 달려 도착한 곳은 '북지北支'의 톈진天津이었습니다.

기억하겠습니다

거기서 트럭을 타고 '우타이 산五台山(산시성)'의 최전선 부대에 도착했어요. 그리고 부대에서 100~200미터 정도 떨어진 곳에 있던 아직 지은 지 얼마 안 되는 오두막에 들어갔지요.

그 안에는 판자로 작게 나누어진 방들이 있었고, 번호가 붙어 있었어요. 나는 7호실에 들어갔습니다. 건물 밖에서 들어올 수 있게 방마다 입구가 있었고, 그곳에는 커튼이 걸려 있었어요.

그날 밤 7시경 모든 방에 군인들이 들어왔지요. 일등병과 이등병들이었습니다. 내가 격렬하게 저항하자 군인은 나를 때리고 걷어찼어요. 코와 입에서 피가 나왔고, 엉덩이를 심하게 다쳤지요.

그때부터 일과는 아침 6시 기상나팔로 시작했습니다. 군인이 큰 통에 밥을 담아 가져다주면 여자들이 나누어 먹었어요. 오전 9~10시에 목욕을 마치면 11시부터 군인들이 들어왔지요. 밤 10~11시까지는 일반 병사가, 이후 새벽 3시까지는 장교가 왔습니다. 매일 30~40명이 왔어요. 이 때문에 여자들은 입고 있던 기모노를 일일이 벗지도 못하고 아래만 벗었어요.

이곳에서 돈은 본 적도 없습니다. 가끔 위문대를 나누어줄 뿐이었지요. 군대가 전장에 나가거나 돌아올 때는 '대일본국방부인회'라고 쓴 어깨띠를 두르고 환송하기도 했어요.

부대가 주둔하는 건물은 옛 성곽 같은 곳 안에 있었어요. 가슴에 표식을 붙여야만 이곳을 출입할 수 있었지요. 그래서 우리가 도

망치는 일은 불가능했어요. 1년 반 정도가 지나서 겨우 외출할 수 있게 되었지요. 밖에는 스웨터와 약복略服을 파는 노천상점이 있었고, 조선인 식당도 있었습니다.

톈진에 사는 권영도라는 조선인 상인이 기모노를 팔기 위해 성 안으로 출입을 했어요. 쉰 정도 되는 나이였지요. 조선에서 생활 형편이 무척이나 어려워서 부부가 함께 톈진에 와서 장사를 하고 있었어요.

그는 "그렇게 있으면 언제 죽을지 모른다"며 나만 도망치게 도와주겠다고 했어요. 내가 마음에 들었기 때문이지요. 그는 숨쉴 수 있게 구멍을 뚫은 상자를 트럭 화물칸에 싣고 나를 그 속에 넣었어요. 그리고 위에 다른 물건을 실어 보이지 않게 했지요. 그곳에 간 지 2년 3개월이 지났을 때였어요.

권 씨는 논산 출신으로 부인 이름은 박금자였습니다. 나는 톈진에서 숨어서 생활해야 했어요. 뒤에 권 씨 부부와 함께 귀국했지요. 그리고 수개월 뒤 조선이 해방되었습니다.

집에 돌아갔더니 어머니만 있었어요. 아버지는 징용[2]되어 간 남양군도[3]에서 일본인에게 맞아 척추가 부러져 죽었고, 오빠는 심장마비로 죽었다고 했어요.

어머니는 나도 아버지와 오빠처럼 죽었다고 생각하고 계셨습니다. 나는 어머니께 지난 일을 모두 이야기했어요. 어머니는 "살아 돌

온화한 성격의 노청자 할머니는 생활고를 호소했다.

아온 것만으로도 다행이다"고 말하고서는 울기만 하더군요.

귀국한 다음 지금까지 돈벌이로 밭일과 가정부 등 여러 가지 일을 했네요. 살기 위해 힘껏 일했어요.

결혼은 한 번도 한 적이 없습니다. 일본군에게 차여 다친 상처 때문이지요. 지금도 아파서 잠잘 수 없을 정도예요. 일해서 돈을 벌면 병원에 가는 것이 일상이지요. 의사가 제대로 된 치료를 받으려면 50만 원이 필요하다고 해서 포기했어요.

매월 동사무소에서 받는 3만 6000원과 쌀 10킬로그램, 보리한 되로 생활하고 있었어요. 마늘 까는 일은 이틀간 20킬로그램을 작업하면 3,800원밖에 되지 않습니다. 죽 같은 걸 먹으면서 연명하고 있어요. 5만 원의 월세를 내지 못해 집주인이 나가라고 하지요.

나는 결혼 전에 순결을 잃고 청춘을 빼앗겼습니다. 내 일생을 이렇게 만든 일본을 원망하고 또 원망해도 잊을 수 없습니다. 일본인을 보면 이를 갈 정도로 증오합니다. 김학순 할머니가 텔레비전에 나와서 말하는 것을 보고, 1992년 1월에 나도 이름을 밝히고 증언하겠다고 결심했지요. 그후 정신적으로 조금 여유가 생겼어요.

일본 정부는 "강제적으로 동원한 증거가 없다"고 사실을 은폐하고 있어요. 하지만 내 존재가 가장 확실한 증거가 아닌가요? 솔직하게 죄를 인정하고 빨리 보상해야 해요. 그렇게 되면 지금 살고 있는 집에서 쫓겨나지 않고 살 수 있어요. 나를 돌볼 사람이 아무도

없습니다. 목숨을 유지할 수 없는 상황이에요. 이대로라면 빨리 죽
는 게 좋겠지요.

1992년 4월 21일, 9월 30일 취재

---

1   전쟁 협력을 위해 1932년에 결성된 여성 단체. 출정하는 장병들을 환송하거나 방공 훈련 등
     을 수행했다.
2   1944년 9월 이후 조선인에게도 '국민징용령'이 적용되어 당시 사할린, 남양군도, 일본 등에 강
     제로 동원되었다.
3   일본이 통치하던 마리아나 제도, 캐롤라인 제도, 팔라우 제도, 마셜 제도를 말한다. 일본은 독
     일의 식민지였던 이 섬들을 제1차 세계대전 때 점령했다. 1920년 '국제연맹'이 일본의 위임 통
     치를 결정했다. 그후 '남양청'이 개설되었다. 아시아태평양전쟁 시기 미군의 격렬한 공격을 받
     았고, 패전하면서 통치도 종식되었다.

이귀분
李貴粉

조선인 특공대와 함께 노래하며 울었습니다

1927년 8월 12일 출생
부산에서 생활
2004년 10월 10일 사망

나는 경상북도 영천 출신이에요. 집안은 부유해서 토지를 많이 가지고 있었고, 사람들에게 소작을 주며 생활했지요. 아버지는 대구 법원에서 일했습니다.

아홉 살 때 영천남부국민학교에 입학했어요. 일본인과 조선인이 함께 공부하는 학교였지요. 일본 학생이 더 많았습니다. 일본인이라면 누구든 들어올 수 있었지만, 조선인은 학교를 다닐 돈이 없는 사람들도 많았고, 상당히 똑똑하지 않으면 들어갈 수 없었지요. 더욱이 조선인이 아무리 열심히 공부하더라도 교사는 이를 인정하지 않았어요. 한 학년에 네 개 학급이 있었고, 한 학급은 60명 정도였지요.

일본인과 조선인 아이들은 사이가 좋지 않았습니다. 일본인 아

이귀분 할머니는 식당에서 일하며 모은 돈을 가지고 자기 식당을 열었다.

이들은 조선인 아이들에게 못되게 말했어요. "조선인의 옷은 더럽다"라고 하기도 했고, 여자아이에게는 "조센삐(매춘부)"라고 했어요. 이 때문에 나는 어려서부터 조센삐가 어떤 뜻인지 알고 있었어요. 조선인이 일본인을 못살게 굴면 교사는 조선인을 때렸지요.

울산으로 이사한 지 2개월이 되었을 때였어요. 나는 열한 살로 3학년이었지요. 10월인가 11월이라고 기억해요. 일요일이었어요. 집 근처에서 여자아이 셋이 줄넘기하고 있었어요. "엄마, 이 아이를 어떻게 할까? 버려진 것 같아 불쌍해"라고 노래 부르면서요. 여자아이 둘은 나보다 더러운 옷을 입고 있었어요.

여자아이들을 보고 있는데 양복 입은 일본인 한 명과 그의 부하인 조선인 한 명이 나에게 다가왔어요. 조선인이 나에게 "네 아버지가 너를 데리고 오라고 했다"며 말을 건넸어요. 아버지를 알고 있는 사람이라고 생각했습니다. 내가 이야기하는 동안 두 아이는 사라졌어요.

이 남자들을 따라서 간 곳은 기와지붕이 있는 한옥이었어요. '조명길'이라는 문패가 달려 있었지요. 그들은 나를 집 뒤편에 있는 방에 집어넣더니 열쇠를 채웠어요. 그제야 속았다는 것을 알았지요. 거기에는 세 명의 조선인 여자아이가 있었습니다. "돌아갈래요. 엄마를 만나야 해요" 울부짖었지만 나는 맞기만 했습니다. 다음 날에는 영천에 사는 이 씨 성을 가진 여자아이가 잡혀 왔어요.

두 남자와 한 여자의 감시하에 그곳에서 3개월을 지냈습니다. 그동안 데리고 온 여자아이는 모두 다섯이 되었어요.

얼마 후 울산에서 기차를 타고 부산으로 끌려갔고, 다음 날 오전 5시 30분에 출발하는 배로 시모노세키에 도착했어요. 끌려간 집에는 조선인 여자아이 33명이 있었지요. 우리까지 38명이 되었어요. 전라도, 포항, 사리원 등 조선의 각지에서 온 아이들이었지요. 보름간 시모노세키에서 머무르면서 교육을 받았습니다. '오야지'라고 부르는 일본인 남자가 두 사람 있었습니다. 그들은 우리에게 "이랏샤이마세" "이치, 니, 산, 시" 등과 같은 일본어를 가르쳤어요.

다시금 탄 배는 군함인 듯했습니다. 배에는 계급장을 달지 않은 국방색 군복을 입은 사람들이 타고 있었어요. 우리는 배 2층에 실렸습니다. 1층에는 폭탄과 군수품이, 3층에는 보트와 그물이 같은 곳에 실렸습니다. 배는 사흘 걸려 대만의 가오슝高雄 항에 도착했습니다.

거기서 10시간 기차를 타고 장화彰化로 갔어요. 도착해서 절 같은 곳에 들어갔는데, 문앞에는 11명의 여자가 앉아 있었어요. 입구를 빨갛게 칠해놓았고, 일본 옷을 입은 사람들도 있었습니다.

끌려온 38명의 여자 가운데 17~18명은 사나흘이 지나자 다른 곳으로 이동했습니다. 나는 그대로 그곳에 남았어요. 그곳에서 내가 제일 어렸지요. 나는 너무나 어렸기 때문에 청소만 했지만, 다른 여자들은 모두 위안부가 되었습니다.

여기서 3개월이 지났을 무렵 나는 새벽 3시경 혼자 도망쳤어요. 5리 이상 걸어가 경찰서에 도움을 청했지요. 그곳에는 일본인 경관이 20명 정도 있었고, '후지모토藤本 부장'이라는 사람이 있었습니다. 내가 "도와달라"고 말하자 후지모토는 "이년 조센삐 아니냐"고 물었습니다.

이 경찰서에서 서류를 만들어 조선의 경찰서에 보냈습니다. 뒤에 들은 이야기인데 경찰관이 어머니가 있는 곳으로 서류를 가지고 와서 "이런 딸이 있느냐"고 물었다고 해요. 어머니는 칼을 찬 일본인 경찰관이 찾아온 것에 놀라서 "그런 딸은 없다"고 대답했다고 합니다. 만약에 조선인 경찰관이었다면 그렇게 말하지는 않았겠지요.

조선에서 회답이 올 때까지 경찰서에서 청소 등의 잡다한 일을 하며 머물렀습니다. 한 달 뒤 서류가 돌아왔지만 "가족도 없는데 우리 집에서 아이를 돌보라"며 후지모토가 자기 집으로 나를 데리고 갔어요. 후지모토에게는 중학생 정도인 '사다코'와 고등학생 정도인 '마사코'라는 두 딸이 있었습니다. 나는 '고하나'라는 이름으로 그 집에서 청소, 요리, 세탁 등의 집안일을 했어요.

후지모토 집에서 5년 정도 지냈을 때입니다. 전쟁이 격화되면서 이곳에도 B29(미폭격기)의 공습이 있었어요. 이를 계기로 후지모토는 자기 가족을 일본으로 돌려보냈지요. 그로부터 사흘 정도 지나 어느 상병이 나를 데리러 왔습니다. 후지모토는 나를 고향으로 돌려보내지 않고 일본군에게 인도했어요. 위안부를 시키려 한다는 것을 알고 몇 번인가 죽으려고 했는데 죽을 수 없었지요.

산 위에 진지가 있는 일본군 부대에 끌려갔어요. 그곳에는 조선인 여자가 40명 정도 있었지요. 열여덟인 내가 가장 어렸고, 스물네 살 여자가 최고 연장자였어요. 이 진지 지하에는 트럭 2대 정도가 다닐 수 있는 터널이 있었습니다. 하늘에서 보더라도 알 수 없게 되어 있었지요. 그곳은 공습이 있더라도 조금 흔들리는 정도였어요. 그곳에는 많은 병사가 머물렀고, 무기도 많이 있었습니다.

일주일에 닷새는 진지에서 숙박하며 풀을 벴습니다. 풀을 태우면 연기가 나기 때문에 공습을 방해할 수 있었지요. 나머지 이틀은 산 밑에 있는 위안소로 가서 병사들을 상대했습니다. 사병들만이 왔고, 계급이 높은 사병은 하룻밤 묵고 가기도 했지요. 진지와 위안소의 이동은 군트럭으로 했어요.

우리를 관리하고 있던 사람은 '신바라新原'라는 오야지와 '에이코'라는 이름의 접대부였는데, 두 사람은 부부였습니다. 여기서 나는 '하루코'라는 이름을 썼어요. 위안소 건물은 가오숭 가까이에 있었고, 중국인(대만인으로 추정. 이하 같음)이 사용하던 중학교, 고등학교 교사였어요. 교사는 벽돌로 만들어진 3층 건물로 교실은 베니어

이귀분 할머니의 식당은 주유소 한편에 있었다. 나는 인터뷰를 위해 식당에 종일 머물렀
지만 손님은 몇 명 되지 않았다.

판 같은 것으로 된 세 개의 작은 방으로 나누어져 있었지요. 그곳에 다다미를 깔고 이불을 두었어요.

일주일에 두 번 우리는 스스로 방을 소독했습니다. 월 3회 군의관이 우리를 진찰하러 왔습니다. 임신하거나 매독 등 성병에 걸리지 않게 주사를 놓았어요. 매독에 걸리면 밥을 잘 먹지 못해서 몸이 점점 허약해져요. 자궁이 부어서 죽은 사람도 있었지요. 사람이 죽으면 새로운 여성으로 다시 채워졌어요.

위안소에 온 병사들은 학교 운동장에 줄을 섰는데, 천 명은 넘었다고 생각해요. 건물 입구에 책상을 놓고 오야지와 접대부가 병사들이 가지고 온 표를 받았어요. 하지만 우리는 여기서 돈을 본 적도, 받은 적도 전혀 없었어요.

보통 아침 9시부터 자정까지 20~30명을 상대했지요. 많을 때는 50명 정도 상대하기도 했어요. 병사들이 너무도 많아서 싫은 내색을 하면 맞았습니다. 병사들은 언제나 우리를 "조센삐, 조센삐"라고 불렀지요.

위안소에는 일본군 소속 조선인과 중국인 병사도 왔어요. 조선인 병사는 표를 내고 들어와서 고향 이야기만을 하다가 그대로 돌아갔지요. 특공대 중에도 조선인이 있었어요. 밤중에 몰래 그들과 만나 특공대 노래를 함께 부르며 눈물 흘린 적도 있어요.

내가 있었던 곳의 위안부는 모두 조선인이었어요. 가오슝에만 위안소가 일곱 개 정도 있었는데, 그중에는 일본인 위안부가 있었던 곳도 있습니다. 하지만 중국인을 본 일은 없어요.

　여기서 2년 정도 지나자 전쟁이 끝났습니다. 오야지들은 없어지고 병사들은 위안소에 오지 않았습니다. 나는 이틀 후 사리원 출신 아이코와 함께 도망쳤어요. 우리는 중국 옷을 입고 머리를 중국식으로 다듬었지요. 그리고 바에서 노래하며 춤추는 일을 했어요. 조선인이라고 하면 죽을지도 몰랐기 때문에 3~5일마다 다른 곳으로 옮겨 다녔지요.

　그해 가을 가오슝의 어느 바에서 일할 때였어요. "중국인이 일본 군인과 조선인 여자를 잡아서 창으로 죽이고 있다. 동포가 모여 이야기를 하려고 하니 모이자"라고 한글로 쓴 삐라를 조선어를 하는 사람이 가져왔어요.

　이 삐라에 "가오슝 산에 있는 산사에 모이자"고 쓰여 있었기 때문에 그곳으로 가보았습니다. 1,000명 정도 모였을 겁니다. 남자는 200~300명 정도였는데 모두 군인이었던 남자들이었어요. 나머지는 위안부였던 여자들이었지요. 그곳에서는 한글로 쓴 삐라가 뿌려지고 있었고, 납으로 만든 태극기 배지도 나눠줬어요. 배운 듯한 사람이 "이대로라면 일본인처럼 죽임을 당할 것이다. 모두 각자가 살길을 찾아 조국으로 돌아가라"고 손으로 만든 확성기로 소리치고 있었습니다. 모두 함께 노래 부르기도 했지만 이 모임은 금방 해산해야 했어요. 중국인들이 창과 곤봉을 가지고 달려왔기 때문이지요. 얻어맞거나 심지어 죽은 사람도 있었어요. 얼마 전 일인데 그때 함께 있었던 남자와 서울에 있는 '태평양전쟁희생자유족회' 사무실에서 만났어요.

바에서 일하며 번 돈으로 전쟁이 끝나고 10개월 뒤 타이베이에 갔습니다. 거기서 6개월 정도 일한 다음 장화로 갔어요. 거기서도 바일을 했지만, 조선인이라는 것이 알려져 아이코와 함께 도망쳤어요.

도망치던 중에 장화에서 조금 떨어진 곳에 있던 터널로 들어갔어요. 어디로 통하는지도 몰랐습니다. 터널을 지나자 어딘가 농가가 있는 곳으로 나왔다고 생각합니다. 지금 생각해보면 전쟁 때 사용하던 터널인지도 몰라요. 그때는 사느냐 죽느냐의 상황이었어요. 칠흑 같은 어둠 속에서 손전등 하나만 가지고 아무것도 먹지 못하고 걸었지요.

겨우 출구가 보였고 바다로 나왔습니다. 이른 아침에 들어간 터널을 빠져나오니 저녁이었지요. 20분 정도 지났는데 태극기를 단 배가 보였습니다. 옷을 벗어 흔들었어요. 그러자 배가 서고 미국 복장을 한 조선인 두 명이 보트를 타고 건너왔어요. 배에는 많은 조선인이 타고 있었어요. 일본군이 되어 싸우다가 오키나와에서 포로가 되었던 조선인들이었지요. 그 배는 이들이 귀국하던 배였어요.[1]

배는 사흘 뒤 부산항에 도착했습니다. 그 배를 만나지 못했다면 귀국하지 못하고 죽었을지도 몰라요. 사리원 출신의 아이코는 북으로 돌아갔어요. 1947년 3월의 일입니다.

귀국해서 처음 간 곳은 울산에 있는 조 씨네 집이었습니다. 그를 죽이고 싶었기 때문이에요. 하지만 그곳에는 다른 서양식 집이 서 있었지요.

고향에 돌아가니 어머니는 살아계셨습니다. 하지만 처음에 어머니는 나를 보고 "모른다"고 했어요. 내 얼굴이 상당히 변해버렸기 때문이지요. 어머니는 내 머리에 난 사마귀를 보고 나를 알아보았어요. 우리는 서로의 손을 잡고 울었지요.

어머니에게는 "일본군에게 잡혀 일본 공장에서 일했다"고 말했습니다. 그러자 어머니는 "시집가라"고 힘주어 말했어요. 과거를 숨기고 결혼하는 것은 상대를 속이는 거잖아요. 나는 어머니에게 "결혼하지 않는다"고 말했어요. 그후 어머니는 돌아가셨습니다.

이제까지 나의 체험을 이야기하고 싶은 적은 몇 번이나 있었습니다. 수년 전부터 언젠가는 누구에게 말하지 않으면 사람들이 위안부 일을 잊을 것이고 아이들도 모른 채 지나가 버릴 것이라 생각했어요. 그러다가 1991년 일본의 '종군위안부'에 대한 태도[2]에 충격을 받았습니다. 그것은 아니라고 생각했어요. 내가 먼저 신문기자에게 전화를 걸었지요. 두 동생은 나의 과거를 최근이 돼서야 언론을 통해 알게 되었어요.

슬픔보다는 분노가 앞섭니다. '엄마'라는 소리를 들어보지도 못하고, 가정을 이루지도 못하고 혼자서 살아왔어요. 이런 나를 누가 만들었나요? 이 한은 간단히 풀리지 않을 겁니다. 가슴에 있는 분함을 어떻게 풀면 좋은가요?

내 이야기를 듣고 일본인들은 반성하기 바랍니다. 눈물만 흘리지 말고 사실을 알리는 게 중요해요. 다시는 이러한 일이 일어나지 않도록 나의 체험을 알리는 게 내 삶의 마지막 일입니다. 내 과거를 드러낼 수 있어서 좋았습니다.

1992년 2월 22일, 6월 1일,
1996년 1월 8일 취재

---

1   대만에서 "송환 대상이 되었던 조선인의 수는 군인 1,320명, 비군인 1,940명".《台湾総督府》, 黃昭堂).

2   일본 정부는 일본군 위안부에 관해 정부가 관여하지 않았다고 일본 참의원 예산위원회에서 답했다.

김영실
金英實

일본군 장교가 어린 도키코의 머리를 베어버렸습니다

1924년 10월 21일 출생
양강도 혜산에서 생활
2003년 사망

나는 양강도 보천군에서 태어났어요. 가족은 부모님, 오빠 하나, 남동생 하나, 여동생 둘, 모두 일곱 명입니다. 아버지가 병들어 있어서 어머니는 날마다 일을 나가야 했어요. 가난한 생활이었지요. 내가 열세 살 때 회령에 있는 고모 집에서 신세지게 되었어요. 그곳으로 가는 데 며칠이 걸렸는지는 모르겠어요.

돈이 없었던 나는 구걸하거나 나무 열매를 따 먹으면서 배를 채우고 농가에 묵거나 노숙하면서 여행을 했지요. 회령에 가보니 고모 일가는 중국으로 건너갔는지 그곳에는 없었어요. 돌아갈 수도 없는 처지여서 근처에서 이것저것 일을 시작했습니다.

1941년 일하던 술집에 양복을 입은 일본인이 와서 "좋은 직장을 소개해주겠다"고 했습니다. 어느 공장 같은 데에서 일하면 가족에게 돈을 보낼 수 있겠다 생각했지요. 일본인 이장 집에 갔더니 그곳에는 이미 14~15명의 여성이 모여 있었어요. 새벽에 트럭을 타고 회령역으로 갔습니다. 낮에 열차를 타고 저녁에 도착한 청학동[1] 기차역부터는 덮개가 있는 트럭을 타고 30분을 달려 조선과 중국, 소련이 인접한 국경지대에 도착했어요.

거기서 열 명 정도의 조선인 여성이 내렸습니다. 그녀들은 "왜 이런 데에 우리를 버리느냐? 여기서는 살 수 없다"며 슬프게 하소연했어요. 나는 그 말이 무엇을 의미하는지 알 수 없었지요.

창고에 들어가서 입고 있던 치마저고리를 억지로 기모노로 갈아입었어요. 그리고 한 사람이 와서 "여기서 조선어를 사용하면 죽는다"라며 위협했지요. 나는 '아이코'라는 이름을 사용해야 했습니다.

저녁밥으로 보리밥과 국을 줬는데 무서워서 밥이 넘어가지 않았어요. 어떻게 하면 도망칠 수 있을까 생각하고 있을 때 우리를 끌고온 남자가 어깨에 별 3개를 단 군복(대위나 대좌 정도로 추정)을 입고 나타났어요. 그리고 아무런 말도 하지 않고 나를 강간했습니다. 그날 밤 이 남자 외에 7명이 나를 강간했습니다.

그때부터 매일 20~40명의 병사들을 상대해야 했습니다. 우리는 일주일에 한두 번 위안소가 없는 주둔지로 파견되기도 했어요. 우리는 언제나 14~15명을 유지했습니다. 결원이 생기면 보충됐지요.

어느 날 우리보다 어린 '도키코'가 조선어를 사용하자 장교는 우

김영실 할머니가 평양을 방문한 연수자들 앞에서 눈물을 흘리며 자신의 체험을 이야기하고 있다.

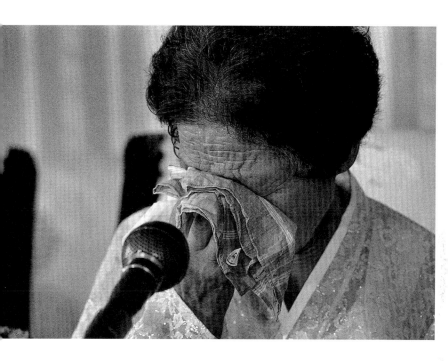

김영실 할머니는 1992년 12월 9일 도쿄에서 개최된 '일본의
전후 보상에 관한 국제공청회'에서 증언하기 위해 일본에 갔다.

리가 보는 앞에서 일본도로 도키코의 머리를 베어버렸습니다. 엄청난 두려움에 울부짖거나 기절하는 사람도 있었지요. 나는 소리도 내지 못하고 고개를 움츠리고 있었어요. 그때부터 일본어를 잘하지 못하는 우리는 눈과 눈으로 말할 수밖에 없었지요. 1945년 8월 10일경 나는 술 취한 상교와 싸웠다는 이유로 고문받았습니다. 억지로 물을 먹이고 부풀어 오른 배 위에 판자를 놓고 두 사람이 올라탔어요. 이 일로 나는 죽을 각오로 도망쳐야겠다고 결심했지요.

8월 13일에 한 장교가 말했습니다. "우리는 일본으로 돌아간다. 너희들도 데리고 가겠다." 그날 저녁 도망쳤습니다. 산속에서 이틀 정도 숨어 있었어요. 산기슭의 인가에서 먹을 것을 얻었지요.

그 무렵 조선의 해방 소식을 들었습니다. 그러나 그 사실을 믿을 수가 없어서 계속 산속에 숨어 있다가 가을이 되어서야 청진으로 나올 수 있었어요.

지금까지 내가 일본군 위안부였다는 사실을 누구에게도 말하지 않았습니다. 이름을 밝히고 증언하는 사람들의 모습을 텔레비전에서 보고 "시집도 가지 못한 이 한을 가지고 이대로 죽을 수는 없다"고 생각했어요. 그래서 이야기하게 되었습니다.

1992년 8월 12일, 12월 9일 취재

왼쪽부터 김영실, 이경생 할머니, 트루크 제도 비행장 건설에 동원되었던 장지수 씨, 홋
카이도와 치시마 열도에 동원되었던 김갑술 씨.

1   중국 동북지방의 국경을 따라 놓여진 '만철북선선滿鐵北鮮線'의 한 역으로 소련에 가깝다.

리상옥
李相玉

우리 셋은 처녀 공출이라는 명목으로 동원되었습니다

1926년 1월 2일 출생
황해북도 봉산에서 생활
2005년 2월 사망

나는 황해북도 신평군에서 태어났어요.

우리 가족은 아버지, 어머니, 언니, 오빠, 나, 모두 다섯입니다. 어머니는 병을 앓다가 내가 열세 살 때 돌아가셨어요. 아버지가 우리 삼남매를 키웠지요. 아버지가 보국대[1]로 끌려간 다음 오빠는 소를 키웠고, 언니는 세탁 일을, 나는 아이를 돌보는 일을 했어요. 고달픈 생활이었지요.

내가 열일곱 살이던 봄의 일입니다. 이장은 처녀 공출이라는 명목으로 나와 단심이, 영실이를 동원했습니다. 결혼한 여자는 끌고

리상옥 할머니의 다리에는 일본군에게 폭행당한 흔적이 남아 있었다.

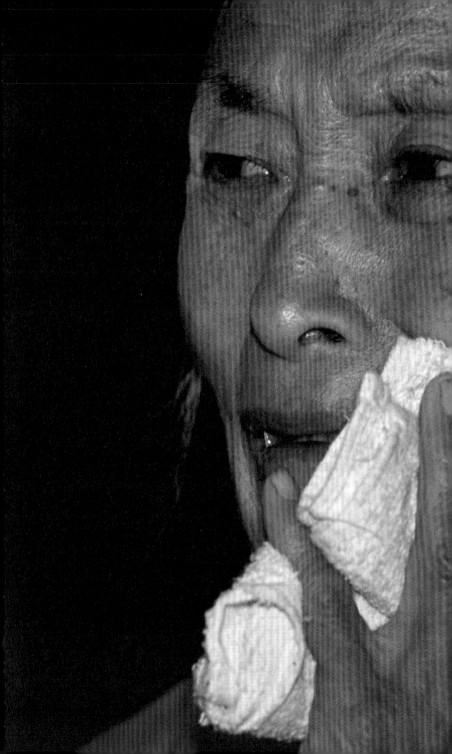

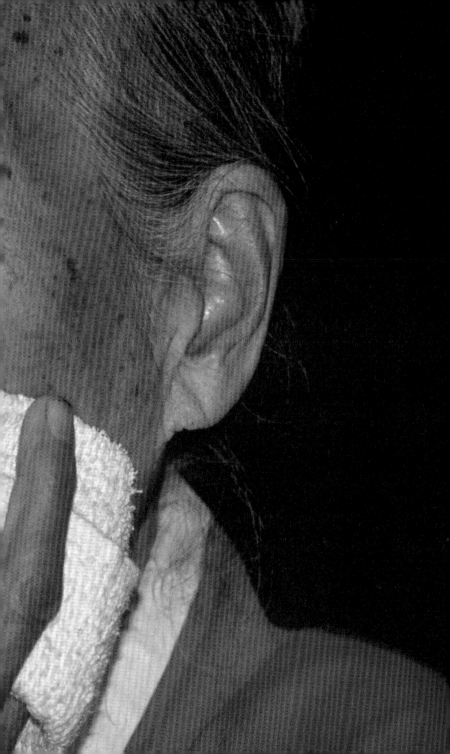

리상옥 할머니가 2002년 5월 평양에서 열린 전후 보상에 관한 국제회의에 참석한
남한에서 온 이용수 할머니와 이야기 나누고 있다.

기억하겠습니다

가지 않는다는 소문도 있었지만 주위 사람들이 만든 거짓말일지도 몰라요.

끌려간 역에는 12명의 소녀가 모여 있었습니다. 그곳에는 덮개가 있는 트럭이 서 있었습니다. 트럭에 탄 12명은 도중에 서너 명씩 내렸습니다. 끝까지 남은 사람은 나와 단심이, 영실이 세 명뿐이었어요. 트럭 덮개 때문에 밖은 볼 수 없었지요.

우리가 도착한 곳이 어딘지는 알 수 없었어요. 판자로 둘러친 부지 내에는 건물 세 동이 있었습니다. 병사들이 순찰을 도는지는 알 수 없었지만, '야스다安田'라는 남자가 "내가 시키는대로 하지 않으면 죽여버리겠다"라고 겁주었습니다.

다음 날 야스다가 나를 성폭행했습니다. 얼마나 무서웠는지 나는 기절하고 말았지요. 인간임에도 짐승도 하지 않을 잔혹한 일을 세 명의 남자에게 당했어요. 그때 일을 생각하면 지금도 분노가 북받쳐서 참을 수 없어요.

위안소는 단층으로 지어진 새로운 건물이었는데, 안에는 다섯 개의 방이 있었어요. 처음에는 우리 세 명만 있었지요. 방 하나는 반 평 정도로, 좁은 공간에 침대가 놓여 있었습니다. 가끔 군의관이 소독하기 위해 왔지요. 식사는 고작 소금으로 간을 한 주먹밥 한 개였어요.

군인만이 위안소에 왔습니다. 매일 같은 일이 반복되었지요. 놈들은 성폭행만이 아니라 인간으로 생각할 수 없을 정도의 폭행을 하기도 했어요. 영실이는 죽었습니다. 피투성이가 된 채로 괴로워하며 신음하다 죽었습니다.

어느 날 나는 성폭행당한 뒤에 일본군 병사에게 장난질로 폭행당하기도 했어요. 그놈은 나를 무릎을 꿇게 한 다음 다리 사이로 봉을 집어넣어 무릎 위를 짓눌렀습니다. 이때 입은 상처는 아직도 남아 있어요.

이곳에 있으면 죽겠다 싶어 단심이와 둘이 도망가기로 했어요. 들키면 죽습니다. 죽을 각오를 했지요. 판자를 조금씩 움직여서 못을 뽑았어요. 인기척이 없는 틈을 타 판자를 떼어내고 그 틈을 비집고 도망쳤습니다.

산으로 도망쳐 풀뿌리나 열매 등 먹을 수 있는 것을 닥치는 대로 먹었지만, 배고픔은 사라지지 않더군요. 위안소에서 당한 폭행으로 사지가 아팠고, 맞아서 귀도 먹었어요. 이대로 있다가는 굶어 죽겠다 싶어서 둘이서 마을로 내려갔지요. 단심이와는 이때 헤어졌는데 그 뒤에 어떻게 되었는지는 몰라요.

나는 운 좋게 한 농부를 만났습니다. 그에게 나를 숨겨달라고 부탁했어요. 위안소에서 입었던 옷을 치마저고리로 갈아입고 농사일을 도왔지요. 농부는 그곳이 순천에서 12킬로미터 거리에 있다고 말해주었습니다.

그곳에서 8월 15일 해방을 맞았습니다. 고향으로 돌아가자 아버지와 언니도 돌아와 있었습니다. 나는 누구에게도 위안부였다고 이야기하지 않았습니다.

외로움도 심해지고 몸도 불편한 상태에서 혼자 살 수는 없었어요. 서른여덟 살 때 주변의 권유로 세 명의 자녀를 가진 남자와 결혼했지요. 그래서 나는 아이를 낳을 수가 없었어요. 성폭행 때문이었지요. 세 딸은 이미 결혼했고, 남편은 죽었습니다. 지금은 다시 혼자서 살고 있어요. 가족과 함께 생활하는 사람들을 보면 참 부럽지요.

나는 당시의 체험을 숨겨왔습니다. 하지만 정부가 일본군 성노예 피해자를 조사했을 때 "보국대로 갔다"고 신고했어요. 주변 사람들은 "일본제국주의의 의해 조선인민 모두가 피해를 보았다"며 위로해주었지요.

후유증으로 다리가 아파서 온전한 사람처럼 일할 수는 없어요. 정부는 이런 나의 생활을 지켜주었지만, 일본 정부는 무엇을 했나요? 하루라도 빨리 사죄와 보상을 해야 돼요.

이렇게 된 것이 한입니다. 생활을 보장받아서 지금까지 살아올 수 있었지만, 죽어버릴까 생각한 때도 있었어요.

이름을 밝히는 게 좋은지는 모르겠어요. 고통이 크기 때문에 내가 체험한 일부밖에는 이야기할 수 없어요. 내 마음을 이해할 수 있나요?

2001년 10월 13일 취재

---

1   근로보국대를 말한다. 14세부터 40세 미만의 남성, 14세 이상 25세 미만의 독신 여성이 징병 대상이었다.

심미자
沈美子

정신을 차리니 후쿠오카의 위안소였습니다

1924년 2월 4일 출생
경기도 성남에서 생활
2008년 2월 27일 사망

나는 황해도 연백군에서 태어났어요. 아버지는 양반 출신으로 일도 하지 않고 놀러 다녔지요. 하지만 재산이 있거나 지주였던 것은 아니에요. 이 때문에 어머니는 외할머니와 함께 한복 만드는 일을 하면서 생활해나갔어요. 나는 외할머니 밑에서 자랐습니다.

　나는 소학교에 들어가기 전에 야간 학교에 다녔어요. 나를 가르치던 선생님은 외할머니에게 "미자는 머리가 좋으니까 열심히 공부시켜라"고 말했습니다. 어머니는 "학교는 안 다녀도 좋다"고 했지만 "여자아이도 공부해야만 한다"며 할머니가 다니도록 해주었지요. 내가 다니던 '봉서소학교'는 외할머니 댁과 집 두 채를 사이에 둔 정도로 가까이 있었어요.

　나는 "학교 안에서 일본어를 쓰지 않는다"고 언제나 선생님에게 야단을 맞았습니다. 매일 조회 때는 '황국식민의 서사'를 암송하고, '궁성요배(일왕에 대한 충성을 서약하기 위해 왕궁을 향해 절하는 것)'를 해야 했지요. 학교 정문에 들어서면 신사[2]가 있어 돌아갈 때는 합장하고 절해야 했습니다.

나는 열여섯 살 때 5학년이었습니다. 담임인 '하야시' 선생님은 우리 집 앞을 지나 자기 집으로 가기 때문에 자주 들르곤 했어요. 어느 날 저녁 그냥 지나치던 하야시 선생님을 외할머니가 "고구마를 쪘는데 먹고 가라"며 불렀습니다.

그때 방 벽에는 내가 놓은 자수가 걸려 있었습니다. 그것은 무궁화의 꽃과 가지를 가지런히 하여 조선 지도를 형상화한 것이었지요. 선생님은 고구마를 먹으면서 "누가 저 자수를 놓았느냐"고 외할머니에게 물었습니다. 선생님은 줄넘기를 하고 있던 나를 부르더니 "일본 지도도 만들어 달라"고 말했어요.

그래서 나는 나팔꽃을 나란히 해서 지도 모양으로 자수를 하여 학교에 가지고 갔어요. 하야시 선생은 "이렇게 아름다운 자수를 놓았다"며 학급 친구들 앞에서 칭찬해주었습니다. 교장 선생님도 너무도 기뻐하시면서 교무실에 걸어두었지요.

그런데 3월 중순 어느 날 작문 수업을 하는데 누가 나를 찾는다고 하여 교무실로 갔어요. 교무실에는 40대 가량의 일본인 경찰관과 교장 선생님이 기다리고 있었어요. 경찰관은 나에게 "이 자수를 네가 만들었느냐"고 물었습니다. 나는 아무 망설임 없이 "그렇다"고 대답했지요. 그는 "조선의 지도는 무궁화로 만들었는데, 왜 이것은 벚꽃이 아니라 나팔꽃이냐. 일본의 국화가 무엇인지 알고 있느냐"고 물었어요. 나는 "벚꽃보다 나팔꽃이 더 예쁘기 때문이다"고 대답했습니다. 그러자 경찰관은 나의 사상이 의심스럽다면서 크게 화를 내었지요. 교장 선생님은 경찰관에게 아무런 말도 하지 못했습니다. 그때 일을 지금 생각해도 화가 나요.

그리고 나는 학교 바로 옆에 있던 '봉서경찰서'로 끌려갔어요. 학교와 경찰서 사이에는 집이 세 채밖에 없을 정도로 가까웠지요.

경찰관은 숙직실에서 나를 폭행했습니다. 소학교의 여자아이들은 하얀 저고리에 학년을 표시하는 하얀 선이 들어간 검은색의 짧은 치마를 입고 있었습니다. 경찰관이 내가 입은 치마를 걷어 올렸습니다. 나는 경찰관의 귀가 내 입 부근에 왔을 때 힘껏 깨물었습니다. 그는 놀라서 뛰쳐나갔습니다. 3~4시간이 지나 다른 경찰관이 왔어요. 취조실에서 그는 "아버지는 어디 갔느냐"고 물었고, 나는 "아버지는 내가 세 살 때 집을 나갔기 때문에 모른다. 얼굴도 생각나지 않을 정도다"라고 대답했습니다. 그러자 "너도, 네 아버지도 사상이 이상하다"며 고문했습니다.

처음에는 전기 고문을 했어요. 두 팔을 벌려서 몸을 움직이지 못하게 하고 두 발도 묶은 다음 전기를 흘렸습니다. 몸 전체가 마비

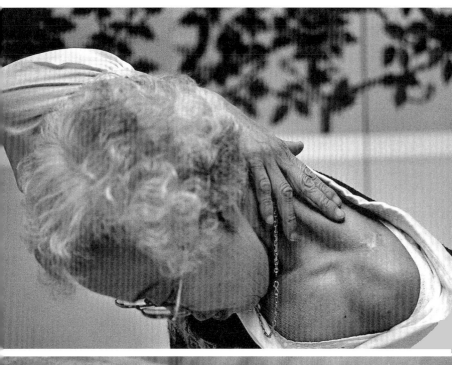

되면서 찬 물이 쫙 흐르는 것 같았지요. 세 차례 정도 전기가 흘렀어요. 다음은 뜨개질에 사용하는 대나무 바늘을 손톱 아래에 찔러 넣었습니다. 그리고 빨갛게 달군 인두로 어깨와 머리를 지졌어요. 내 몸이 타는 냄새를 맡고 정신을 잃었지요.

정신을 차리니까 좁은 방에 처박혀 있었습니다. 얼마 동안 정신을 잃고 있었는지도 몰랐어요. 아프기도 하고 배도 고팠기 때문에 일어설 수도 없었지요. 잠시 후 조선 여자가 몇 명 오더니 "아직 죽지 않았다"며 나를 보면서 말했습니다. "뭐라도 먹게 해달라"고 내가 말하자 건빵과 물을 가지고 왔어요.

"어떻게 이곳에 왔느냐"고 물어서 경위를 설명했어요. 여자들이 "여기는 후쿠오카다"고 말해서 나는 "조선에 후쿠오카가 있느냐"고 물었어요. 일본에 끌려왔다고는 생각하지 못했습니다. 그리고 "여기는 무엇을 하는 곳이냐, 학교냐"고 물었습니다. 그러자 여자들은 웃으며 "얘 웃기네. 조금 기다리면 알게 될 거다"라며 가르쳐주지 않았습니다.

다음 날 대위가 왔습니다. 이곳 '소장'이라는 사실을 나중에 알

심미자 할머니의 어깨에는 뜨겁게 달군 인두로 지졌던 상처가
남아 있다. /위
대나무 바늘을 찔러넣어 변형이 된 심미자 할머니의 엄지손가
락의 손톱. /아래

앉어요. 그는 나의 상처를 보고 사연을 듣고 나더니 "불쌍하군, 너무 걱정하지 마라"고 위로하고는 나갔습니다. 곧이어 한 군인이 붕대, 머큐로크롬, 바르는 약, 먹는 약 등을 가지고 왔습니다.

이곳에 있는 여자들은 모두 나보다 서너 살이 많았어요. 나는 모두를 "언니"라고 불렀지요. '언니'들이 있는 곳에 병사들이 계속해서 출입하는 것을 보고 왜 그런가를 물어보았습니다. 그때 이곳이 위안소였다는 것을 알게 되었습니다.

소장은 2~3일 간격으로 건빵 같은 먹을거리를 가지고 왔어요. 그 소장이 나의 첫 상대였지요. 쓰시마対馬 출신의 '다카高'라는 성을 가진 사람이었습니다.

부대 주변은 채소밭이었고 듬성듬성 민가가 있었어요. 이 부대는 다른 부대가 이동하는 중계지였는데, 근무하는 사람은 150명 정도였어요.

건물은 열 동 미만이었는데 한 동이 위안소였습니다. 함석을 붙인 어묵 같은 둥근 지붕이었어요. 이 건물을 반으로 나누어서 한쪽에는 위안부, 다른 한쪽에는 병사들이 있었지요. 입구 위에는 위안부실이라고 쓴 작은 나무판자가 붙어 있었어요.

건물 안 중앙에는 흙이 그대로 있는 통로가 하나 있었고, 그 양쪽에 다다미 두 개 반 크기의 방들이 나란히 있었습니다. 건물 한편에 있는 방 하나는 뜨거운 물이 나왔어요. 여기서 일을 끝낸

서울 시내에 있는 탑골공원에는 3·1운동을 묘사한 조각이 있다. 투쟁의 선두에 서서 체
포되었다가 처형당한 유관순 앞에서.

병사가 소금물로 성기를 씻었습니다. 세수와 목욕도 여기서 했어요.

나는 이름도 없이 번호 '7번'으로 불렸습니다. 내가 끌려왔을 때 여자들은 17~18명 정도였는데 마지막에는 27명까지 있었습니다.

나는 반장이 되어 병사들이 오지 않는 아침 시간에 여자들을 모아 통에 소금물을 넣고 음부를 씻도록 했어요. 매독 등 성병이 있으면 물이 탁해져요. 이곳 여자 대부분이 성병에 걸렸지요. 장교와 이 부대의 병사들은 콘돔을 사용했지만, 이동해온 부대는 사용하지 않았어요. '606호(매독치료약)'를 가지고 와서 내가 모두에게 주사를 놓아주기도 했습니다.

의사가 우리를 검사한 적은 없어요. 다른 부대에서는 하고 있다고 다른 곳에서 온 여자에게 들었기 때문에 다카에게 물어보았어요. 그러자 그는 "이 부대에는 위안부가 없는 것으로 되어 있어서 그렇다. 그래서 군의관이 없다"고 했습니다. "너희를 위안부 취급하는 게 아니다. 너희는 군속이다"고 말하기도 했습니다.

대부분의 여자는 성병에 걸려 있었기 때문에 병사들이 오래도록 집적거리면 아파했어요. 여자들이 아파서 병사들을 거부하면 병사는 화가 나서 여자들을 주먹으로 때리거나 발로 찼습니다. 심하면 여성의 음부에 총을 쏘고 그대로 트럭에 가버리는 일도 있었습니다. 또 총검으로 여자의 유방을 자르는 병사도 있었습니다. 여자는 아직 숨을 쉬고 있었지만, 병사가 방의 커튼을 뜯어 여자를 싸

기억하겠습니다

가지고 어디론가 데려가는 일도 있었어요.

나는 여기서 1년 반 있었는데, 내가 끌려온 지 7~8개월 되었을 때 다카는 전근 갔습니다. 그때 다카는 동향 출신의 '스즈키鈴木'라는 헌병 대위에게 나를 잘 보살펴달라고 부탁했습니다.

이 부대에서 내가 상대를 하는 사람은 소장뿐이었어요. 예쁜 여자들은 장교들에게 둘러싸여 생활했지만, 이동해온 병사를 하루에 20~30명, 많을 때는 40명을 상대해야 했습니다. 병사들은 오전 10~12시에 오기 시작했고, 오후 3~5시가 가장 많았습니다. 열을 지어 순서를 기다리는 병사 중에는 안에 있는 병사에게 "빨리 하라"며 총으로 벽을 치면서 재촉하는 사람도 있을 정도였지요.

우리가 트럭을 타고 밖에 있는 부대에 가서 병사를 상대하는 일도 있었어요. 작은 배를 타고 30~40분 정도 바다에 있는 군함에 가서 해군 병사를 상대하는 일도 많았어요.

내가 여자들에게 "어떻게 해서 이곳에 오게 되었느냐"고 물은 적이 있어요. 그러면 90퍼센트 정도는 "공장에 취직시켜준다"는 말에 속아서 끌려왔고, 10퍼센트는 나처럼 학교에서 잡혀왔습니다.

"일본어를 사용하지 않는다" "학교에 있는 신사에 참배하지 않았다" "황국식민의 서사를 암송할 수 없다" 등의 이유로 잡혀온 여자도 있었습니다. 남자 선생과 연인이 되었다가 화가 난 선생의 부인 때문에 위안부가 되었다는 여학생도 있었습니다. 전라도의 바닷

가 출신 여자들이 많았어요.

여자들이 모이면 "조선의 여자들은 이렇게 비참한 일을 하는데 왜 일본 여자는 한 사람도 없느냐"고 불만을 털어놓았습니다. 안보이는 곳에서는 일본인을 '왜놈' '쪽발이'라고 말했지요.

스즈키가 모는 지프를 타고 단팥죽 가게에 간 일도 있습니다. 하오리羽織(옷 위에 입는 짧은 겉옷)를 입은 일본 여자가 "만나고 싶고 보고 싶어 무서움도 잊고 어두운 밤길을 홀로"[3]라고 노래하며 지나갔습니다. 이 노래를 듣고 가슴이 아팠어요. '일본인이 아닌 내가 일본에서 많은 일본 병사를 상대하면서 이렇게 고생을 하는데 전쟁을 일으킨 일본의 여자들은 평소처럼 일상을 보내고 있다'는 생각이 들었기 때문입니다.

스즈키가 '나가레야마流山[4]'로 전근하면서 나도 함께 가게 되었습니다. 자동차와 배를 갈아타고 가는 데 12시간이 걸렸습니다. 이곳에 정착한 게 아니라 짧게는 일주일, 길면 두 달 정도 간격으로 후쿠오카를 오갔지요.

나가레야마에는 상당히 큰 부대가 있었는데, 건물이 수십 동이나 있었어요. 이곳은 보급기지로 지하에 군수물자를 저장하는 상

한국인 성노예 피해 여성 9명과 전 군인, 군속 등이 일본 정부를 상대로 한 재판을 위해 일본에 건너갔다.

당히 넓은 창고가 있었습니다. 지하에는 통풍관이 5미터 간격으로 굴뚝처럼 많이 세워져 있었습니다.

나는 스즈키를 따라 나가레야마만이 아니라 후쿠오카에서 고베, 오사카, 와카야마和歌山 등 부대에 있는 위안소를 오갔습니다. 이 부대들은 도시 방위부대로, 고베에서는 위장된 고사포를 보기도 했습니다.

위안부가 된 지 6년 동안 일본인 위안부를 본 일은 없어요. 후쿠오카에는 한때 세 명의 중국인이 있었지만, 뒤에는 모두 조선인 여자였어요. 나가레야마의 여자들은 이동했기 때문에 30~80명, 와카야마는 10~15명이 있었습니다. 와카야마에 두 번째 갔을 때 전쟁이 끝났습니다. 스즈키는 "전쟁이 끝날지도 모르겠다. 전쟁이 끝나면 후쿠오카의 단팥죽 집에서 기다리라"고 했습니다. 그후 일주일도 안 되어서 전쟁은 끝났어요. 돈이 한 푼도 없어서 군 트럭을 몇 번이나 갈아타고 후쿠오카에 갔습니다.

후쿠오카 부대 앞에는 단팥죽 집이 있었는데 전쟁 중에는 단무지, 배추, 무 등을 부대에 납품하고 있었지요. 우리는 귤, 말린 오징어, 건빵 등을 가지고 가서 약과 교환하기도 했지요. 주인인 김씨는 '스즈키'와 친했어요. 후쿠오카에 도착한 나는 여기서 며칠간 머물면서 신세를 졌어요.

공장을 돌아다녀서 찾은 일은 운동화 뒷면에 고무를 붙이는 일이었습니다. '임금 없이 먹고 자기만' 하는 조건이었지요. 스즈키가 왔었다는 단팥죽 집 김 씨의 연락이 있었어요. 이곳에서 일한지 3~4개월 되었을 때였습니다. 나는 성병에 걸려 있었습니다. 그 사실을 말하자 '스즈키'는 30엔을 주었어요. 이것이 내가 일본에서 처음으로 받은 돈이었습니다. 나는 이 돈으로 606호를 샀습니다.

공장에는 나만이 아니라 위안부였던 조선 여자들이 많이 있었습니다. 부대에 있을 때 여성들은 606호 등으로 성병이 번지는 것을 막고 있었어요. 하지만 공장에서 일하게 되면서 피와 고름이 나왔지요. 여자들은 토끼가 먹는 풀에 증상을 억제해주는 효과가 있다는 말을 듣고 그 풀을 먹거나 즙을 바르기 위해 아침 일찍 풀을 뽑으러 갔습니다.

그래도 가려워서 긁고 있는 모습을 공장 합숙소의 여자에게 들키고 말았어요. 그러자 공장의 일본인 여자들이 "위안부 출신 여자들과는 함께 일할 수 없다"고 해서 우리는 쫓겨났습니다. 이 공장에서 2년 가까이, 다음은 실크공장에서 4년간 일했어요.

"호적도 어떻게든 해볼 테니까 한국에 돌아가지 마라"며 스즈키는 작은 집을 사주었습니다. 나는 "고향으로 돌아가고 싶으니까 집보다는 돈이 필요하다"고 말했지만, "지금은 한국이 전쟁 중이라 돌아갈 수 없다"고 했기 때문에 포기했습니다.

그래도 "나는 한국인이니까 한국에서 죽는 것이 당연하다"고 생각하고 집을 420엔에 팔아버렸지요. 이 돈과 내가 모아놓은 돈으로 다른 두 가족과 함께 밀항선을 탔습니다. 1,300엔을 냈어요. 시모노세키를 출항해서 5일 만에 부산에 도착했습니다. 나는 햇수로 13년간 일본에 있었습니다.

열여섯 살 어린 소녀의 청춘, 꿈, 바람이 이렇게 산산이 조각나버렸습니다. 지금도 고문 후유증만이 아니라 매독 때문에 피부가 가렵습니다. 또 일본에서 돌아오기 전에 자궁을 들어내는 수술도 했어요. 한반도 북쪽에 있는 고향 가족들이 어떻게 되었는지도 전혀 알 수가 없어요.

내가 위안부였다는 사실이 부끄럽다고 생각하지는 않아요. 그렇게 만든 사람이 나쁘지 내가 나쁜 것이 아니잖아요. 나는 대놓고 위안부 때 일을 말하고 있지만, 위안부가 되었던 수십만 명의 여자 대부분은 말하지 못하고 있어요.

일본이 우리에게 나쁜 짓을 했다고 양심적으로 사죄하기 바랍니다. 그리고 짓밟힌 우리에게 사죄금을 줘야 해요. 돈은 천국에 가지고 가는 게 아니기 때문에 빨리 줘야 합니다. 그리고 일본의 젊은

1992년 4월 21일에 심미자 할머니를 처음 취재했다.
촬영에는 응해주었지만, 표정은 심각했다.

이들에게 일본군에 의해 감금당하고 폭행당했던 우리에 대한 것을 교과서에 싣고 가르쳐 주세요.

위안부였던 여성들이 모여 '무궁화 자매회'를 만들었습니다. 아이를 낳지도 못하고 친척도 없는 우리는 얼마 남지 않은 여생을 자매로 살아가려고 해요.

1992년 4월 21일, 5월 8일, 6월 1일, 9월 26일, 10월 1일,
1993년 9월 24일, 1994년 7월 6일, 1995년 8월 16일,
1996년 2월 28일, 11월 5일, 1997년 3월 26일, 1998년 1월 25일, 9월 29일,
1999년 6월 14일, 2001년 4월 5일, 11월 21일 취재

1 조선인을 일본의 충실한 국민으로 만들고자 1937년 10월에 '조선총독부'가 제정한 문장. 아동용은 "우리는 대일본제국의 신민입니다. 우리는 마음을 다하여 천황폐하에게 충의를 다하겠습니다. 우리는 괴로움을 참고 단련해서 훌륭하고 강한 국민이 되겠습니다."

2 '봉안전奉安殿'이다. 일왕, 일왕비의 사진과 '교육칙어'가 모셔져 있다. 공습 등이 있었을 때 이를 지키려다가 사망한 교장도 있었다.

3 1922년에 발표된 노래 '새장에 갇힌 새籠の鳥'. 작사 치노 가오루千野かおる. 작곡 돗토리 신요鳥取春陽.

4 치바현千葉県 히가시카쓰시카군東葛飾郡 나가레야마마치流山町에는 부지 면적 약 12만 평방미터의 육군 양말본창糧秣本廠 나가레야마 출장소가 설치되어 있었다. 육군에서 사용하는 식량과 군마의 사료 등을 보관하고 공급했다.

김대일

金大日

150명의 여자를 나란히 세우고 목을 베기 시작했습니다

1916년 11월 5일 출생
황해북도 개성에서 생활
2005년 사망

내 고향은 황해도 사리원이에요. 집이 무척이나 가난해서 나는 열두 살 때 얼마 안 되는 쌀에 팔려 돈 많은 집 심부름꾼으로 들어가게 되었지요. 그후 일본인이 경영하는 방직공장에 팔렸습니다.

1932년 어느 날 '후쿠다福田'라는 일본인이 와서 "먹을 것이 부족하지 않은 곳으로 데려다주겠다"고 말했어요. 기차를 타고 부산항에 도착했는데 그곳에는 조선인 여성 스무 명 정도가 모여 있었습니다. 나는 어디로 가는지도 모르고 배를 탔어요.

시모노세키에서 도착하자 '후쿠다'는 나에게 "너는 지금부터 조선인이 아니다. 조선어를 사용해서는 안 된다. 이제부터 너의 이름은 시즈에다"라고 말했습니다. 그후 데리고 간 곳은 오사카의 한 병원이었어요.

나는 여기서 잡일을 했어요. 피로 오염된 붕대와 거즈, 대소변으로 더러워진 환자복 세탁 등 사람들이 싫어하는 일만 해야 했지요.

열여덟 살이 되던 정월 날이었어요. 이제까지 만난 적도 없는 원장이 갑자기 내 방에 들어와서 칼을 들이댔습니다. 그리고 "시즈에, 내 말을 듣지 않으면 죽여버리겠다"고 말하며 내 입을 막고 달려들었습니다.

그 일이 있고 얼마 지나지 않아 원장은 "너는 병원에서 2년간 열심히 일했으니 좀더 좋은 곳으로 데려다주겠다"고 말하더니 나를 모르는 일본인에게 넘겼습니다. 1934년의 일이에요.

그 남자는 나를 도쿄로 데리고 가서 '종군위안부'로 부대에 보냈어요. 나를 포함한 30명 정도의 조선인 여성들이 도쿄에서 부산으로 건너간 다음 군대와 함께 만주[1]로 끌려갔어요. 열차를 타고 신징新京(창춘長春의 옛 이름), 하얼빈哈爾濱, 치치하얼齊齊哈爾, 무단장牡丹江을 전전했습니다. 군인들은 도중에 일할 수 없게 된 여성을 "에이, 조센징이다"고 말하며 그 자리에서 찔러 죽였어요. 이렇게 수많은 조선인 여자가 죽었습니다.

나를 포함해 몇 명의 여자들을 추리더니 배를 태워 끌고 간 곳은 상하이였어요. 그곳에는 조선인 여성이 많이 있었지요. 그녀들은 "왜 이런 곳에 왔느냐"며 나를 불쌍하게 여겼습니다.

내가 갇힌 곳은 군대가 접수한 중국인 민가였는데, 군인들이

김대일 할머니가 일본군이 자신의 볼 을 잡아당겼을 때를 재현했다.

그 안에 다다미 한 장 정도 크기의 방을 여러 개 만들었습니다. 방 앞에는 1번부터 40번까지 번호가 붙어져 있었어요. 40명의 여자가 있었던 거지요. 나의 번호는 12번이었어요.

방 안에는 이불이 아니라 담요 한 장만 있었습니다. 게다가 그것을 덮고 편안히 잠잘 수 있는 시간은 없었어요. 군인들은 새벽 6시 정도부터 밤 2~3시까지 방에 들어왔어요. 잠잘 시간은 한두 시간 정도밖에 없었지요. 하루 40~50명의 군인이 방 앞에 줄지어 서서 "빨리, 빨리!" 하라며 재촉했고, 방에 들어오자마자 바로 나를 덮쳤어요. 나는 기모노를 입고 띠를 매고 있었지만, 일이 끝나면 추스를 틈도 없었지요. 군인들은 각자 콘돔을 가지고 왔지만, 성병에 걸린 여성도 많았어요.

처음에는 제12사단(고쿠라小倉에서 편성)을 따라 상하이, 한커우漢口, 난징南京 등을 전전했습니다. 나는 12년간 위안부 생활을 강요당했습니다. 그중에서도 규슈의 제6사단(구마모토熊本에서 편성)에서 받았던 수많은 폭행을 결코 잊을 수 없습니다. 그들은 술을 마시고 취하면 고보검ごぼう剣(일본군 주력 총검)으로 벽과 복도를 그으면서 나에게 달려들었어요. 그리고 "야 조센삐! 내 말을 듣지 않으면 죽여버리겠다"고 했지요.

어떤 때는 50명을 상대하다가 몸이 견디다 못해 쓰러진 적도 있었어요. '노신'이라는 약을 먹기는 했지만, 의식이 몽롱한 상태였

　　　　　기억하겠습니다

김대일 할머니의 눈물은 멈추지 않았다. 쓰러질 것 같은 몸을 지탱해가며 고통당했던 순간들을 온몸으로 재현하며 증언했다.

지요. 병사는 불붙은 담배를 내 코와 자궁에 넣었습니다. 그뿐만 아니라 어느 장교는 "이제 나는 질렸으니 필요없다"라며 나를 군견인 셰퍼드가 덮치게 했습니다. 나는 두려운 나머지 "살려달라"고 비명을 질렀습니다.

나는 이런 생활을 더이상 할 수 없다고 생각했어요. 그래서 두 차례나 약을 먹고 자살하려고 했지요. 그러나 대대장 '아키카와'가 "이년은 잘 하니까 써먹을 수 있다"며 나를 살려냈습니다. 나는 죽음을 선택할 자유도 없었습니다.

이런 일도 있었어요. 내 옆방에 있었던 여자가 임신했지만 병사들은 이에 상관없이 성행위를 강요했고, 태아를 억지로 끄집어내어 칼로 찔러 죽였습니다. 그리고 그 여자도 죽였지요. 어떤 병사는 모두를 모아놓고 "자 봐라! 조센징은 죽은 거야"라고 말했어요. 어떤 때는 중국인의 머리를 잘라 우리에게 보여주기도 했습니다. 자신들의 말을 듣지 않으면 우리도 이렇게 된다는 것을 보여주기 위해서였지요.

종전이 가까워져 오자 병사들은 신경이 날카로워졌어요. 우리가 조선어로 이야기하면 "뭘 이야기하고 있느냐"며 발로 차고 주먹으로 때렸지요. 그리고 "일본이 전쟁에 진다면 너희들을 모두 죽인다"고 말했습니다.

일본의 패전이 명확해지자 병사들은 우리 조선인과 중국인 여

기억하겠습니다

자 150명 정도를 두 줄로 나란히 세웠어요. 소대장이 명령하자 여자들의 목을 베기 시작했습니다. 피가 비처럼 쏟아졌고, 나는 의식을 잃고 쓰러졌지요. 정신을 차려보니 나는 피투성이가 된 채 시체 속에 묻혀 있었어요. 이 피바다 속에서 살아난 사람은 나를 포함해 세 명뿐이었습니다.

겨우 일어나 2킬로미터 정도 떨어진 중국인 집에 간신히 도착했습니다. "나는 조선인입니다. 도와주세요." 소리치며 중국인에게 필사적으로 빌었어요. 집주인은 "우리가 너희를 도와주면 우리가 죽는다"면서도 집 안에 있는 구석방에 5~6일간 숨겨주었어요. 그뿐 아니라 목욕도 하게 해주었고, 중국 옷도 주었습니다.

그것을 입고 조선인 집을 찾아가 3~4개월간 신세를 졌습니다. 이 집에서 일왕이 항복했다는 방송을 8월 15일 아침에 들었어요. 곳곳에서 "조선 만세!"라는 소리가 들렸습니다. 중국인이 일본인을 두들겨 팼습니다.

나는 어떻게 해서든 어머니, 아버지를 만나고 싶어서 집주인인 조선인에게 중국 돈 500위안을 빌려서 그해 9월에 귀국했어요. 집에 돌아갔지만, 부모님은 모두 돌아가고 안 계셨어요.

그때 일을 생각하면 지금도 머리에 피가 솟구치고 치가 떨릴 정도로 화나요. 중국 땅은 학살된 조선 여자들의 피로 물들어 있어요. 내가 일본인에게 받은 것은 만신창이가 된 몸이에요. 자궁은 엉망이 되었고, 심장은 아프고, 대장은 망가져서 때도 없이 설사를 해요.

일본인은 누군가 자신의 딸이나 아내, 어머니를 이렇게 만들면 어떤 심정일까요? 12년간 겪었던 나의 고통과 일본군에 의해 살해당한 여성들을 기억해야 합니다.

1992년 6월 이웃집 할머니와 텔레비전을 보는데 "일본의 잡지에서 조선인 위안부는 돈 때문에 일본군을 따라갔다"고 방송을 하고 있었습니다. 이 말을 들은 나는 무심코 소리쳤지요. "뭐라고, 이놈이!" 그러자 옆에 있던 할머니가 "왜 그러느냐"고 물었어요. 이를 계기로 나는 이렇게 이름을 밝히고 증언하기 시작했어요. 하지만 내게 이 문제는 돈 때문이 아니에요.

1992년 8월 12일 취재

---

1   1931년 일본은 '만주사변'을 일으켜 만주 전체를 점령하고 이듬해 위성국 '만주국'의 건국을 선언했다.

강순애
姜順愛

공습이 심해져도 위안소에는 군인들이 줄을 섰습니다

1927년 12월 15일 출생
경기도 부천에서 생활
2005년 4월 19일 사망

아버지는 열여섯 살 때 부산에서 교량 건설 현장의 측량기사로 일했어요. 그후 도쿄의 건설 현장으로 가게 되었지요. 한때 아버지가 조선으로 돌아온 적이 있었는데 그때 결혼했습니다.

나는 도쿄에서 태어나 세 살 때 조선에 돌아왔지만, 일곱 살 때 다시 일본으로 갔어요. 아버지는 교토의 터널 공사 현장의 주임으로, 어머니는 현장 숙소에서 식모로 일하게 되었기 때문이지요.

어느 날 조선인 노동자가 게으름을 피운다고 일본인에게 삽으로 얻어맞았어요. 피를 흘리면서 넘어져 있는 조선인을 보고 아버

일본대사관 앞 수요시위. 김순애 할머니가 흥분하자 다른 할머니가 진정시키고 있다.

지는 화가 나서 그를 때린 남자에게 머리를 박으며 돌진했어요. 이 일로 아버지는 투옥되었습니다.

그후 아버지가 석방되어 몇 개월쯤 지났을 때예요. 어머니는 약 200명분의 식사를 만들고 있었어요. 어느 날 한 일본인이 식사가 빨리 나오지 않는다며 어머니의 왼쪽 손등을 칼로 베었습니다. 아버지는 그 일본인의 등판을 때렸다가 다시 투옥되었습니다.

내가 여덟 살 때 열 살이던 언니는 '오쿠무라奧村'라는 경찰관 집에 아이를 돌보는 일로 끌려갔는데 이후 소식이 끊겼어요.

열한 살 때 우리 가족은 고향인 마산으로 귀국했어요. 처녀 공출[1]은 한층 격해졌습니다. 열네 살이 되던 해 4월 나는 약 보름 정도 화장터에 숨어 있었어요. 결혼한 여자는 '공출' 대상이 아니었기 때문에 결혼한 여자들이 하는 비녀를 어머니가 만들어주었지요. 이것으로 경찰의 눈을 속일 수 있었어요. 당시 신마산 역전에서 한 달에 한 번 배급이 있었습니다. 그때 일본인은 '기미가요'를 불러보라고 했어요. 할머니가 기미가요를 부르지 못해 울면서 빈손으로 돌아온 일도 있었습니다.

어느 날 내가 비녀를 꽂고 어머니와 함께 보리겨를 모으기 위해 신마산 잔교에 있는 정미소에 갔습니다. 겨를 모으고 있을 때 군인 두 명, 경찰관 한 명과 함께 온 이장 아들이 내게 오더니 "배급을 받으러 가는 게 좋다"며 내 손을 잡고 배급 사무소로 끌고 갔습니다.

내가 담당자 앞에서 기미가요를 부르자 보통 때보다 두 홉이 많은 쌀과 고무신 두 켤레, 통조림 등을 주었어요. 그러나 그것은 미끼였지요. 이 이야기가 마을에 퍼지자 마을 사람들은 숨겨두었던 딸들에게 배급소로 가게 했어요.

배급을 받은 지 사흘 후 물건을 사서 돌아왔는데, 붉은 완장을 찬 군인 세 명이 기다리고 있었습니다. 그들은 나에게 곧장 밖으로 나오라고 했어요. 이 말을 들은 아버지는 뛰쳐나와 군인의 옷깃을 잡고 "딸에게 손을 대려면 먼저 나를 죽여라. 못 데려간다"며 소리 질렀습니다. 아버지는 군인에게 달려들다 넘어졌지만, 다시 칼을 들고 달려들었습니다.

그러자 군인들은 아버지에게 담배 한 상자를 건네면서 "딸이 오사카에 있는 회사에 가면 돈도 벌고 기술도 배운다. 아이를 학교에 보낼 수도 있다"고 달랬어요. 나는 짐을 싸서 군인을 따라갈 수밖에 없었지요. 아버지는 집 안으로 들어가 버렸고, 어머니는 정신을 잃었습니다. 아버지가 이 사건으로 마산의 형무소에서 구류를 살았다는 것을 후에 알았지요. 이렇게 마산에서 열네 명의 여자아이가 잡혔습니다.

군인들은 우리를 부산역 앞 '대동여관'으로 데리고 갔어요. 여관에는 감시인이 배치되어 있었는데, 이미 열 명 정도의 여자아이들이 있었지요. 이 여관에 머무는 사이 여자들은 35명으로 늘었습니다. 매일 5시 반에 일어나서 정원에서 30분 정도 체조를 하고 기미가요를 부르는 것이 일과였지요. 뱃멀미를 하지 않는 방법도 가르쳐 주었습니다.

출발 전날 50전 지폐를 주었어요. 그리고 "만나고 싶은 사람의 이름을 종이에 써라"고 해서 어머니의 이름을 썼지요. 다음 날 아침 10시에 아버지가 오셨습니다. 아버지는 무릎을 꿇고 "순애야! 사랑하는 내 딸아!" 소리치며 울었어요.

그날 밤 7시경 배는 시모노세키로 향했습니다. 거기서 기차를 갈아타고 도착한 곳은 히로시마였어요. 큰 강당에는 이미 30명의 여자들이 있었는데, 조선 북쪽에서 온 유명한 기생들이었어요. 이삼십 대 정도였는데, 이미 만주에 끌려가 몇 해를 지낸 사람들이었지요.

우리에게는 모두 새로운 이름이 주어졌지요. 나는 '마이코'였어요. 여기서 일본어 연습을 하고, 기생들에게 노래를 배웠어요. 이외에도 과수원에서 귤이나 무화과를 따서 상자에 넣고 포장하는 일을 했습니다.

이렇게 5~6개월이 지났을 무렵 우리에게 옷, 내복, 운동화, 파우더 등을 주면서 "이제 곧 집에 돌아가니 마음의 준비를 해라"고 했습니다. 우리는 지급된 50전으로 고추, 마늘, 고추장 등을 사가지

고 와서 기쁘게 귀국을 준비했지요.

그로부터 닷새 뒤 잔교로 갔습니다. 배 안에서 경상북도 출신 조선인 군인 임창수와 양언철을 만났어요. 두 사람은 열일곱 살 때 군대에 지원해서 이미 만주에서 복무하고 있었지요. 우리가 탄 배의 이름은 '미토마루水戸丸²'였고, 그들이 배가 "남양군도로 향하고 있다"고 가르쳐 주었습니다.

출항해서 사흘째 되는 날 아침, 갑자기 불꽃이 일면서 쿵 하는 큰 소리가 들렸어요. 사이렌이 울리고 배가 침몰하기 시작했습니다. 바다로 뛰어들라는 말을 들었지만 너무나 무서워서 뛰어내릴 수 없었어요. 그러나 군인이 칼을 치켜들고 "뛰어내리라"고 호통쳤기 때문에 뛰어내렸습니다.

내 옆에 있던 여자는 바다 밑으로 가라앉았어요. 나는 큰 파도에 휩쓸려 왼쪽 무릎 관절이 꺾였지만 다행히 양언철이 도와주었습니다. 오후 4~5시경 세 대의 비행기가 왔고, 이어 해군 구조대가 왔어요. 우리 가운데 33명은 무사했지만 두 명은 행방불명이 되었습니다.

'오사카마루大阪丸³'라는 큰 배를 타고 팔라우에 도착했어요. 히로시마를 떠나 한 달하고 사흘간의 항해였지요. 도착하자마자 바로 트럭을 타고 '혼도마치'로 갔어요. 먼저 도착해 있던 여자들이 마중 나왔는데, 그곳에는 '육군 위안소'라는 간판이 붙어 있더군요.

의사가 한 사람, 한 사람 신체검사를 하고 나를 포함한 젊은 여자 열 명을 위안소에 배속했어요. 함경도 출신 여자가 이곳을 관리하고 있었는데, 그녀는 우리의 행동에 조금이라도 이상이 있으면 가차 없이 우리를 때렸지요.

위안소 안에는 현관을 따라 좌우에 각각 세 개의 방이 있었고, 안쪽에는 장교용 방이 일곱 개 있었어요. 내 방은 무척 좁아서 이불 한 장을 펴면 꽉 찰 정도였지요.

다음 날부터 위안부 생활이 시작되었습니다. 첫날은 열세 명을 상대해야 했어요. 아침 9시부터 밤 9시까지 일반 병사를 상대한 다음 장교들을 상대했는데, 장교들은 위안소에서 밤을 보내고 아침 5~6시에 돌아갔습니다.

병사들이 오면 우선 접수하고 티켓을 건넸어요. 거기에는 군인 본인의 이름이 적혀 있었고, 부대 도장이 찍혀 있었지요.

주에 한 번 '유로로병원'에서 군의관에게 검진을 받았어요. 성병 감염 예방을 위해 606호 주사를 맞았고, 통증이 심할 때는 모르핀 주사를 맞고 아스피린을 받았습니다. 콘돔이 상비되어 있었지만, 사용하지 않는 병사도 있었어요. 사용해달라고 부탁하면 발로 배를 차는 병사도 있었지요. 군인들은 위안소에서 자기가 좋아하는 방식대로 행동했어요. 어떤 군인은 여자의 유방과 성기를 총칼로 도려내기도 했고요…

1994년 8월 '전후보상국제포럼'에서 강순애 할머니가 자신의 체험을 UN 특별보고관인 판 보벤 교수 등에게 증언하고 있다.

나까지 얼 명 정도가 선발되어 '가스빵[4]'에 보내졌어요. 미군의 공습이 격화되면서 여자 한 명과 병사 두 명이 죽었지요. 이렇게 궁지에 몰린 상황 속에서도 방공호 밖에 스무 개의 텐트를 치고 위안소를 만들었고, 병사들은 줄지어 늘어섰습니다. 여기서도 하루에 20~30명을 상대해야 했어요.

일본군은 전쟁이 격화되자 텐트를 산속으로 옮겼습니다. 우리는 거기서 매일 40~50명을 상대해야 했지요. 하루가 끝날 때가 되면 거의 실신을 할 정도였어요. 한 여자가 칼로 장교를 찌르자 본보기로 우리 전원을 모아 그 여자가 참수형 당하는 것을 보게 했어요.

원래 장소로 돌아오고 수개월이 지나 그곳에도 공습이 시작되었습니다. 방공호로 도망가다 폭탄 파편이 박혀 양어깨 아래에 상처를 입어 엉덩잇살을 도려내야 했지요. 이때 입은 흉한 상처가 아직도 남아 있어요.

먹을 것도 바닥이었습니다. 이런 상황에서도 위안부의 일을 해야 했지요. 얼마 지나지 않아 "원자폭탄이 히로시마에 떨어졌다"는 소식이 들렸습니다.

1945년 9월 중순, 섬에 상륙한 미군은 우리를 모아 조사했습니다. 조선, 일본, 오키나와 등 출신지별로 나눠 한 사람, 한 사람 사진을 찍었어요. 그리고 우리는 미군이 내어준 배를 타고 귀국할 수 있었지요. 배가 마산에 도착한 것은 음력 12월 31일(1946년 2월 16일)

기억하겠습니다

마음에 큰 상처를 입고 고독한 생활을 해왔던 피해 할머니들은 서로 도우면서 여생을
보내고 있었다.

이었습니다.

귀국하니 내 바로 아래 동생은 죽고 없었습니다. 어머니와 함께 마실 물을 가지러 가다가 일본인 경찰관인 '이와모토岩本'가 "비켜라"며 휘두른 칼집에 맞아 언 땅에 넘어져 죽었다고 했습니다.

서른세 살 때 연하인 남성과 만나 결혼해 서로 의지하며 살았습니다. 하지만 남편은 1992년 3월에 죽었어요. 현재 생활을 위해 꽃을 재배하고 있어요. 하지만 시력이 약해서 계속해서 일하는 것은 어려워요. 치료비는 내게 가장 큰 부담이지요.

나는 여자로서 남들처럼 생활할 수 없을 정도로 심신이 상해 있어요. 말할 필요도 없이 굴욕과 핍박을 받아온 나의 과거를 밝히고 이 문제를 해결하기 위해 노력하겠다고 진심으로 결심했습니다.

**1992년 12월 9일, 1994년 8월 24일,
1996년 2월 28일 취재**

---

1   미혼 여성이 위안소 등으로 강제로 동원되는 것을 말한다. 아시아태평양전쟁 말기 조선에서는 부모가 내키지 않아도 딸을 결혼시켜 '공출'당하는 것을 피했다.

2   육군에 의해 징용된 7,061총톤의 수송선. 1944년 4월 16일에 인도네시아 오비 섬 남방에서 미해군 잠수함 '패들'의 어뢰 공격을 받고 침몰, 선원 31명과 병사 289명이 사망했다는 것밖에는 기록이 없다.

3   팔라오로 가는 수송선단으로 두 번에 걸쳐 사용된 3,740총톤의 일본우편선.

4   팔라오 제도 최대의 섬인 바벨다오프 섬의 서쪽에 위치한다. 일본이 통치할 때에는 '팔라오 본섬'으로 불리웠다.

황금주
黃錦周

벌거벗은 여자는 일본군 장교에게 반항하다
성기에 권총을 맞고 죽었습니다

1922년 8월 15일 출생
서울에서 생활
2013년 1월 3일 사망

나는 충청남도 부여에서 태어났습니다. 아버지는 메이지대학을 졸업하고 일본 사법 대서代書 일을 하고 있었어요. 하지만 병에 걸려 내가 열 살 때 조선으로 돌아왔지요. 횡근橫根[1]이라는 병이었는데 치료비 때문에 집안 재산 전부를 날렸습니다.

나는 다섯 살 때 서울에 있는 아주머니 집에서 살았어요. 하지만 열두 살 때 아버지의 약을 사기 위해 100엔을 받고 서울의 돈 많은 집 양녀로 들어갔습니다.

양아버지의 가족은 함흥에 있었어요. 하지만 장사를 하던 양

황금주 할머니를 처음 만난 곳은 서울 용산역 앞에 있었던
'태평양전쟁유족회' 사무소였다.

아버지에게는 서울에 첩이 있었지요. 나는 거기서 2년간 너무 고생했어요. 그후 나는 본처 집에서 살게 되었어요. 그곳에는 딸 셋과 아들 둘이 있었습니다. 딸들은 열아홉 살, 열다섯 살, 여덟 살이었습니다.

이 집에도 면장이 와서 공장에서 사람을 '모집'한다고 이야기했어요. 이를 거절하면 일본인에게 맞거나 여러 가지 일을 해야 했습니다. 그래서 이 집에서도 누군가 한 명은 가야만 했지요. 첫째 딸은 일본 대학에 합격한 상태였기 때문에 양녀였던 나는 "내가 가겠다"고 말했어요.

나만이 아니라 그 말을 듣고 모인 사람들은 모두 공장에 일하러 간다고 생각했어요. 모두 농촌 출신 여자들이었어요. 공장에 돈 벌러 가는 걸 기뻐하고 있었지요. 나는 깨끗한 흰색 저고리와 검은 치마를 입고 있었어요. 싱가포르가 함락된 1942년 4월이었지요.

함흥역까지는 조선인이 인솔했습니다. 여자들 대부분이 탄 기차는 군용 열차였어요. 검은 커튼으로 창을 가려 밖을 볼 수 없게 했고, 입구는 헌병이 지키고 있었어요.

내가 탄 차량에는 20~30명의 젊은 여자가 함께 탔습니다. 우리는 개처럼 취급당했지요. 병사의 얼굴을 보기만 해도 "무엇을 보고 있느냐"며 소리쳤어요. 그날과 그다음 날에도 종일 기차를 탔습니다. 역 스피커에서 "신쿄新京, 신쿄"라는 소리를 듣고 속았다는 것을 알았지요.

지린吉林역에 내려 황색 덮개가 있는 국방색 트럭으로 갈아탔어요. 여기에 20~30명의 여자가 탔다고 생각해요. 트럭 안에는 병사가 있었지요. 총을 갖고 있지 않았다면 우리는 그때 도망쳤을 거예요.

트럭은 밤이 되어서야 육군 부대에 도착했어요. '히노마루'라는 부대였습니다. 우리는 부대에 있던 작은 집으로 들어갔지요. 단층집이었는데, 안에는 방들이 좁게 나누어져 있었어요. 방에는 나무 침대가 있었고, 침대 위에는 모포 몇 장이 놓여 있었습니다.

헌병의 감시 때문에 도망칠 수가 없었어요. 변소 갈 때만 건물 밖으로 나갈 수 있었지요. "어머니도 이 하늘을 보고 있을까" 생각하며 문뜩 하늘을 바라보기도 했지요. 내가 이런 행동만 해도 군인들은 "도망치려고 하느냐"며 화를 내더군요.

도착했을 당시 나는 우리에게 무슨 일이 닥칠지 몰랐어요. 그날은 아무 일 없이 잘 수 있었지만, 다음 날부터 병사를 상대해야 했어요. 나는 '결혼 전에 남자와 관계를 가지면 죽어버리겠다'고 생각했고, 병사를 붙잡고 용서해달라고 소리쳤어요. 하지만 병사는 나의 팬티를 나이프로 잘랐습니다. 나는 기절하고 말았어요.

병사는 아침이든 밤이든 끊임없이 왔습니다. 하루에 스무 명 이상 왔어요. 나는 조금이라도 병사들을 상대하지 않으려고 세탁

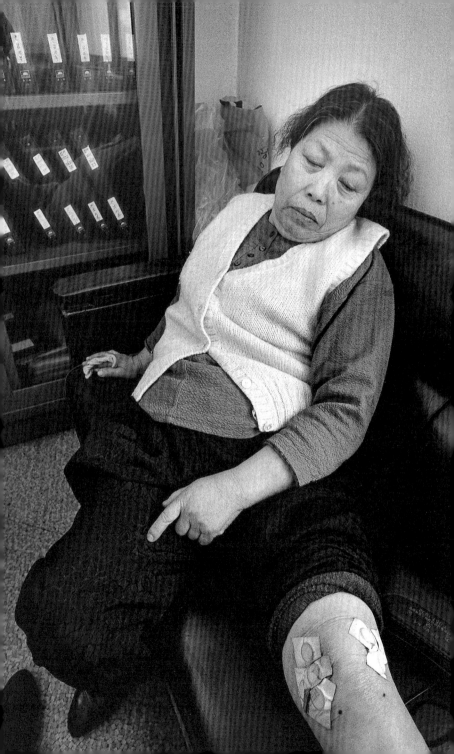

황금주 할머니는 처음 인터뷰할 때 흥분하여 테이프 녹음기를 던져버렸다.

황금주 할머니의 무릎은 일본군에게 폭행을 당해 성하지 못
했다. 통증을 진정시키려고 자석 파스를 붙였다.

이나 청소 등을 솔선해서 했지요.

어쨌든 병사의 말을 듣지 않으면 구타당했어요. 생리 때에도 생리대를 주지 않았습니다. 여자들은 생리대 대용으로 천을 훔쳤는데, 사용하다가 걸리면 맞았지요. 몸이 아프면 밥도 먹기 힘들었어요.

나는 병사에게 성병을 옮았어요. 그후 성교를 하면 병이 옮는다고 "성기를 핥아라" "정액을 먹어라"고 요구하는 병사도 있었습니다. 나는 남자의 성기를 본 적도 없는 어린아이였어요. "그런 짓을 할 바엔 똥을 먹는 것이 낫겠다"고 말했지요. 지금도 우유를 보면 정액이 생각나서 마시지 못해요.

자살한 여자들도 있었지요. 우리 모두가 자살할지도 모른다는 이유로 자살한 여자가 있어도 병사들은 아무것도 알려주지 않았습니다. 그리고 자살하려는 동료를 보고도 병사에게 알리지 않으면 혼났어요. 우리는 "자살하지 말자"고 서로 말을 맞추었어요. 그래도 죽는 사람은 있었지요. 아편을 훔쳐 와서 마시는 사람도 있었습니다. 아편을 많이 하면 피를 토하고 죽었지요. 끈이 있으면 목매달려는 사람도 있었습니다. 끈을 숨겨 놓기도 했지만, 변소에서 각반을 사용해서 목매는 사람들도 있었습니다.

나보다 조금 나이가 든 한 여자는 장교와 심하게 싸우기도 했어요. 장교에게 차여도 몇 번이나 물고 늘어졌어요. 실신했다가 다시 정신 차리면 또 반항했습니다. 이 벌거벗은 여자는 성기에 권총을 맞고 죽었습니다. 이런 엄청난 일을 일본인이 자행했다는 것을 알고 있습니까?

위안부가 된 지 반년 정도 되었을 때입니다. 나는 대위 정도 되는 장교에게 "우리는 공장에 간다고 들었다. 병사를 상대하기 위해 온 게 아니다. 이런 일을 시키는 당신이 인간이냐"고 말하고 그에게 침을 뱉었습니다. 그러자 그는 "국가의 명령이고 천황의 명령이다. 말하고 싶은 것이 있으면 천황에게 말하라"며 나를 때렸습니다. 나는 사흘간 정신을 잃었어요. 정신을 차려도 몸을 움직일 수 없을 정도로 심하게 다쳤지요. 그때 입은 상처가 아직도 아파요.

지린 성에는 8개월 정도 있었어요. 배를 타고 다른 곳으로 갔는데, 나는 그곳이 사할린²이라고 생각했지요. 트럭을 타고 몇 시간을 달려 일본군 부대에 도착했습니다. 육군과는 다른 색의 군복을 입고 있었기 때문에 해군이라고 생각했지요. 지린 성보다도 춥고 눈도 많이 왔어요. 여기에서 2~3개월 정도 머물다가 지린 성으로 돌아왔습니다.

거기서 해방을 맞았습니다. 병사들은 도망가느라 정신없었어요. 나는 이상하다고 생각하여 한 병사에게 "모두 어디로 가느냐"고 물었지요. 그러자 "어제 12시에 천황이 손을 들었다. 장교들은 천황의 방송이 있기 전에 모두 사라졌다"고 말하더군요.

내가 부대를 나서려는데 창을 든 중국인들이 들이닥쳤어요. "나는 조선인이다" 말하자 중국인들은 "조선어로 말해보라"고 했습니다. 내가 조선어를 하자 중국인들은 "빨리 가라"고 했어요. 나는 군복을 주워 입고, 커다란 군화를 신고 걷기 시작했습니다.

'보국대' '징용' 등으로 끌려갔던 많은 사람이 조선으로 돌아가느라 행렬을 이루고 있었어요. 나는 이 행렬과 만나 함께 걸었습니다. 일본인 여성도 있었어요. 아이를 업은 사람도 있었지요. 사람들이 짐이 무거워서 버리면 나는 그 속에서 옷을 찾아 입었습니다. 신발을 몇 번이나 갈아 신으며 몇 백 리를 걸었어요. 나는 두 달을 걸어서 겨우 서울에 돌아왔지요.

양녀로 들어갔던 집에는 부끄러워서 돌아가지 못했습니다. 지병이 있었지만, 식당에서 오래 일하며 조금씩 돈을 모았어요. 그 돈으로 작은 식당을 시작했지요. 아이를 낳을 수 없어서 버려진 아이 네 명을 키웠습니다.

일본인이 우리에게 한 짓은 너무나 끔찍합니다. 자기 딸이라면 위안부로 만들지 않았을 거예요. 쇼와 일왕에게 말하고 싶은 것이 많아요. 부대에서 '천황의 명령이다'라고 매일 들었기 때문이지요.

우리는 아직 죽지 않았습니다. 내일이나 모레 흙으로 돌아갈지도 모르는 나이가 되었어요. 나는 이 한을 죽기 전에 풀고 싶습니다. 우리가 살아 있을 때 일본은 사실을 조사하고 빨리 보상을 해야 할 거예요. 한국과 일본의 젊은이들이 사이좋게 지내게 하기 위해서라도 과거 일을 빨리 해결해주세요.

1992년 2월 25일, 6월 1일 취재

---

1   매독 등 성병이 원인이 되어 양다리의 임파선에 염증이 생겨 붓는 병.
2   홋카이도 북쪽에 위치한 면적 8만 7100평방미터의 섬. 일본은 아시아태평양전쟁에서 패전할 때까지 쿠릴 열도와 함께 사할린의 북위 50도 이남을 지배하고 있었다. 약 6만 명의 조선인이 이곳 탄광 등에 동원되었다. 패전 후에도 조선인 약 2만 3000명이 귀국하지 못하고 그곳에 잔류해야 했다. -졸저,《樺太棄民》(ほるぷ出版, 1991).

곽금녀
郭金女

죽인 위안부들을 지하실에 버렸습니다

1924년 1월 8일 출생
함경남도 단천에서 생활
2007년 6월 7일 사망

나의 고향은 충청남도 천안입니다. 오빠가 한 명, 언니가 두 명, 여동생이 한 명으로 5남매입니다. 아버지는 내가 여덟 살 때 돌아가셨고, 어머니는 지주 집에서 일했어요. 밥을 차려 식사를 준비하거나 옷을 만드는 일 등을 했지요. 물론 우리 남매는 학교에 다니지 못했어요.

나는 전라도 순천의 일본인 집에서 아이를 돌보다가 열여섯 살 때 전라도 광주의 제사공장[1]으로 일하러 갔습니다. 일본인이 경영하는 곳이었지요. 누에에서 실 뽑는 일을 했어요. 배고플 때는 누에고치 안에 있는 번데기를 먹기도 했습니다.

여기서 일 년 정도 일하던 무렵, 위에서 불러 사무소로 갔더니 형사 같은 일본인 남자가 있었어요. 내가 그를 형사라고 생각했던 이유는 나중에 그가 열차 안에서 권총을 차고 있는 것을 보았기 때문이에요.

그는 "서울에 있는 빵과 사탕을 만드는 식품공장에서 일하면 돈도 모을 수 있고, 배도 채울 수 있으니 가자"고 말했어요. 회사에서 내가 포함되어 있는 소녀들의 명부를 형사에게 건넸지요.

기차를 타고 서울로 가서 여관에 숙박했어요. 다음 날이 되자 "무단장으로 간다"고 형사가 말했습니다. "왜 중국으로 가느냐? 나는 안 간다"고 항의하자 "조선은 일본의 식민지이니까 어차피 너희들은 죽는다"고 말하며 열차에 억지로 태웠어요.

다음 날 아침 무단장에 도착했습니다. 역 대합실에서 20분 정도 기다리니까 덮개가 달린 군 트럭이 왔어요. 형사는 트럭에서 내린 헌병에게 말했습니다. "하세가와長谷川 씨, 스무 명을 데리고 왔습니다." 이 트럭을 타고 우리는 만주와 소련의 국경지대인 모쿠료穆稜²라는 곳에 도착했어요.

커다란 3층 건물에는 헌병대가 주둔하고 있었어요. 우리가 들어간 다다미방에는 열쇠가 채워졌습니다. 그날 밤 배급된 밥도 먹지 않고 우리 모두 울었습니다.

다음 날 의사와 간호원이 우리를 검사하러 왔어요. 지금 생각해보면 병사들에게 병을 옮기지 않도록 검사한 것이었지요. 끌려온 여자 가운데 한 명은 얼굴이 샛노랬어요. 이 여자는 지하실로 보내

기억하겠습니다

졌는데 얼마 후 죽었습니다.

　건물 안은 나누어져 있었는데, 방 번호가 1번부터 20번까지 있었어요. 나는 '1번' 방에 배정되었습니다. 방 안은 두 명이 겨우 누울 수 있는 다다미 두 장 정도의 넓이였어요. 소중히 여기던 머리칼을 짧게 잘렸고, 입고 있던 치마저고리는 유카타로 갈아입어야 했지요. 나의 치마저고리는 어머니가 만들어준 거였는데…. 분해서 눈물이 났어요. 내 이름은 '레이코'가 되었습니다.

　헌병 장교가 방에 들어와서 칼을 벽에 기대어놓고 옷을 벗었어요. 그는 나를 덮쳤습니다. 그때 나는 아무것도 모르는 어린 소녀였어요. 나는 일본군이 호랑이보다 무섭다고 생각했지요. 나는 울부짖으며 장교의 손을 깨물었습니다. 손에 피가 난 장교는 내게 마취주사를 놓았어요. 1분도 지나지 않아 나는 정신을 잃었고, 장교에게 당했습니다.

　정신을 차렸을 때도 다른 일본 병사가 나를 덮치고 있었습니다. 이런 상황이 반복되었어요. 방 이곳저곳에서 비명이 들렸습니다. 그때 일은 분해서 참을 수 없어요. 결코 잊을 수 없습니다.

　우리는 하루에 20~30명을 상대해야 했어요. 한 장교는 저항하는 나에게 "자궁을 도려낼 거"라며 작은 칼로 허벅지를 찔렀습니다. 그때 칼에 찔린 허벅지의 상처는 지금도 남아 있어요. 정강이를 칼로 도려내기도 했습니다. 온몸이 칼자국투성이예요.

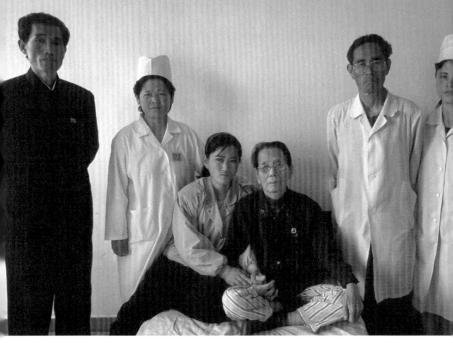

어떤 병사는 "말을 듣지 않는다"며 나의 팔을 꺾어버리기도 했어요. 팔이 골절되어 움직일 수 없게 되었지요. 두 달 정도 기브스를 했어요. 머리채를 잡고 끌어내기도 했고요. 아프기보다는 분하다는 생각뿐이었지요.

이런 일을 당한 사람이 나만이 아닙니다. 나와 함께 끌려간 이춘심이라는 여자아이가 있어요. 일본 병사가 그녀를 범하려고 하자 그녀는 울부짖으면서 격하게 반항했어요. 그러자 장교는 그녀의 젖꼭지를 이빨로 물어뜯었지요. 가슴에서 피가 솟구치면서 그녀는 기절했습니다. 춘심은 이 때문에 파상풍이 걸려 죽었어요. 군인에게 자궁을 발로 차였다가 이틀 만에 죽은 여자도 있습니다.

일본 병사가 자기 "말을 듣지 않으면 지하실에 처넣겠다"고 하며 우리를 그곳으로 끌고 갔어요. 지하실에는 여기서 살해당한 여자들의 시체가 버려져 있었습니다. 썩은 냄새 때문에 숨을 조금만 쉬어도 머리가 아플 정도로 잔혹한 곳이었지요.

도망치다가 잡혀 온 어느 여성이 있었는데 일본 병사는 우리가 보는 앞에서 가죽 벨트로 그녀를 때렸어요. 우리는 "도망가지 않을

곽금녀 할머니는 2003년 봄 건강이 약화되면서 '함흥시 인민병원'에 입원했다. 손녀인 최성희가 할머니를 간병했다. /위
방광암이라는 검사 결과가 나왔다. 담당 의사와 간호원들과 함께 찍은 사진. /아래

테니까 여자를 때리지 말아 달라"며 빌었지요. 하지만 그녀는 일주일 뒤에 죽었고, 시체는 지하실에 버려졌습니다. 이렇게 죽은 여성이 열 명 정도였어요.

"이러다가 나도 죽겠다"고 생각했습니다. 도망쳐야겠다고 다짐했어요. 11월 무렵의 어느 일요일. 동료들에게도 말하지 않고 보초가 졸고 있는 틈을 타서 작은 문으로 나와 혼자 도망쳤습니다. 새벽 4시였어요.

8킬로미터 정도를 넘어지기도 하며 달렸어요. '조선 병원'이라고 적힌 건물이 있었습니다. 조선인이 경영하는 개인병원이었습니다. "도와주세요. 나는 위안부가 되었다"라고 말하자 의사 부인이 밥을 짓기 시작했어요. "밥 먹을 상황이 아니다"라고 생각한 나는 먹지 않고 있었습니다. 그러자 "어떻게든 숨겨줄 테니까 병원에 들어오라"고 했어요. 김 씨 성을 가진 의사는 함경남도 출신으로 서른다섯 살 정도였습니다.

이 부부의 보살핌 덕분에 내 몸은 좋아졌어요. 이 병원에서 간호원으로 일했습니다. 생명의 은인이신 의사 선생님은 "아직 아이를 가질 수 있으니 결혼하는 편이 좋겠다"고 말해주었지요. 고향에 돌아가고 싶은 마음도 있었지만 전기기술자와 결혼했습니다.

하지만 남편과는 고작 4개월을 함께했어요. 남편은 해방 직전 일본군에 징병을 당해 돌아오지 못했습니다. 1945년 12월에 아이가 태어났습니다. 조선의 남쪽은 미군이 점령하고 있더군요. 저는 고향으로 돌아갈 수 없었습니다. 통일되어야 돌아갈 수 있는 상황이었지요.

일본이 저지른 범죄는 큰 죄입니다. 나는 인생이 개화할 무렵 일본군에게 동원되었습니다. 그리고 일본은 내가 열매 맺기도 전에 나를 망가트렸어요. 많은 조선의 딸이 멀리 동남아시아 등 전장으로 끌려갔습니다. 하루에 20~30명의 병사에게 당해야 했고, 노예처럼 취급당했어요. 일본은 인간으로 할 수 없는 짓을 저질렀습니다. 나는 도망칠 수 있어서 이렇게 살아 있지만, 도망칠 수도 없었던 딸들이 얼마나 많이 죽었나요? 이런 일을 저지른 국가가 세계 어디에 있나요? 정말로 일본인은 아주 악랄한 악마예요.

상처투성이인 내 몸을 보세요. 일본 병사에게 얻어맞은 후유증으로 지금도 언제나 두통에 시달립니다. 현기증도, 메스꺼움도 있어요. 다리가 저려 세탁 같은 걸 할 때 다리에 힘을 주면 무척 아파요.

내가 이제 얼마나 살 수 있을까요? 내가 지금까지 살 수 있었던 것은 "일본 원수를 쳐부수겠다"는 강한 의지가 있었기 때문이에요. 우리 피해자들이 죽기 전에 일본은 과거를 청산해야 합니다. 죽더라도 나의 영혼은 일본으로 나아가 반드시 사죄와 보상을 받겠어요.

무척이나 노래를 좋아하는 곽금녀 할머니를 위로하기 위해 여학생들이 병원을 찾아왔다. 의사, 간호사, 환자, 여학생 들과 함께 정원에서 기념 촬영을 했다.

기억하겠습니다

일본 노인 중에는 군대에 징병되었던 사람들이 많다고 생각해요. "우리 아버지와 할아버지는 정부의 지시로 조선에 가서 많은 여성을 성노예로 만들었다"는 사실을 가족에게 알려야 합니다. 그리고 자식과 손자들은 과거 문제를 해결하도록 일본 정부에 요구해야 해요. 일본이 사죄와 보상을 하지 않으면 조선은 다음 세대에도 일본에 대한 한이 풀리지 않을 것입니다.

1998년 6월 2일, 2000년 9월 7일,
2001년 10월 7일, 2003년 5월 4일 취재

• 필자가 감독하고 제작을 한 다큐멘터리 〈아리랑 고개를 넘어アリラン峠を越えて〉(ヒロシマ・ピョンヤン製作委員會, 2003)는 곽금녀 할머니의 삶과 증언을 기록한 것이다.

1   1935년에 조업을 계시한. 종업원 약 2,100명 규모의 '가네보鐘淵 방적 전남공장'으로 추정.
2   당시 무단장성 모쿠료 주변에는 소련과의 국경선을 따라 고토虎頭, 도네東寧 등의 거대 요새가 소련전에 대비해 관동군에 의해 건설되었다. 여러 요새에 위안소가 있었다는 사실이 전 일본군의 증언으로 밝혀졌다.

문옥주

文玉珠

한 사람이 하루에 30~70명을 상대했습니다

1924년 4월 3일 출생
대구에서 생활
1996년 10월 26일 사망

세 들어 살던 대구 대명동 집은 화장터 옆에 있었어요. 아버지와 어머니는 마땅한 일이 없었고, 아버지는 내가 여덟 살 때 돌아가셨어요. 먹을 것이 없어 늘 배가 고팠어요. 쌀 같은 건 먹지도 못했지요.

　나는 가난한 사람들이 다니는 야간학교에서 산수, 한글, 일본어 등을 배웠어요. 이곳은 4년제 학교였는데, 조선인 선생 30명 정도가 학생들을 가르쳤습니다. 하지만 3년을 다니다 돈이 없어서 중퇴를 했지요. 괴로워서 울었어요.

　열 살 때부터 조선인, 일본인 집을 다니며 청소나 세탁 일을 했습니다. 내 주변 사람들은 거의 나처럼 살았어요. 이 일을 5년 정도 한 다음, 집 근처의 가내수공업 양말 공장에서 2~3년 일했지요. 그후 잠시 집에 있었습니다. 당시는 일이 별로 없었어요.

그 무렵 만나면 인사는 할 정도로 얼굴을 알고 있던 남자가 "조금 먼 곳에 있는 식당인데 거기서 일하면 돈벌이가 된다"고 말해 주더군요. 그는 대구에 사는 조선인이었는데, 양복을 입고 넥타이를 매고 구두를 신었습니다. 이 시절 이런 복장을 하고 있는 사람은 형사 같은 한정된 직업을 가진 사람들뿐이었지요. 이 남자의 성은 '송', 일본 이름은 '마쓰모토松本'라고 했습니다. 그는 마흔 살 정도였는데 일본어가 유창했어요.

"어느 곳으로 가느냐"고 물었지만, 분명히 가르쳐 주지는 않았습니다. 다만 "따뜻한 나라"라고 해서 '외국으로 가는 거구나' 속으로 생각했지요. 마쓰모토가 "고향에 돈을 보내면 가족들이 편히 살 수 있다"고 해서 가기로 했어요. 가족들에게 이야기하면 반대할지도 몰라서 누구에게도 말하지 않고 집을 나왔어요.

1942년 7월 9일 대구역에서 기차를 타고 부산으로 출발했습니다. 마쓰모토는 나를 포함해 15~21세 여자 20~30명을 모았어요. 부산에 도착해서 '갑을여관'에 숙박했습니다. 다음 날 배를 탔지요. 부모님에게 아무 말도 하지 않고 집을 나왔기 때문에 부산항을 떠날 때는 무척 슬펐어요.

배는 6,000톤 정도였는데 우리는 배의 가장 아래칸에 탔습니다. 여성들이 150~200명 정도 있었어요. 모두 마쓰모토 같은 조선인 남자 열 명이 데리고 온 여자들이었는데, 모두 나처럼 속아서 온 사람들이었지요. 그중에는 소학교를 졸업한 듯한 사람도 있었고, 생활 수준이 좋은 사람도 있었습니다. 주변이 이상하게 보였는지 여자들은 집 나온 것을 후회하며 울고 있었어요. 우리는 구명조끼를 입었을 때와 식사 때만 갑판으로 올라갈 수 있었습니다. 배 위에서 미군 비행기를 본 적도 있어요. 배에서 비행기를 향해 총을 쏘았지요. 일본 비행기가 배를 지키러 오기도 했어요. 대만, 사이공, 싱가포르를 거쳐 20일 만에 미얀마 랑군Rangoon에 도착했습니다.

그곳에서 열흘간 있었습니다. 그때 우리가 위안부가 되었다는 사실을 알았습니다. 일본군 병사로 온 조선인이 알려주었습니다. "왜 이곳까지 왔는지 알고 있느냐? 당신들은 위안부로 일본군 부대에 배속된다. 확실하다"고 말했습니다. 다른 여성들도 "식당에서 일한다"고 들었기 때문에 모두 깜짝 놀랐지요. 그때부터 밤낮으로 울었습니다. 자살하는 사람도 있었어요. 비가 오는 날 강에 뛰어들어 죽었지요. 사체를 본 미얀마 사람이 가르쳐주었습니다.

배속된 곳은 전선 만달레이의 '다테楯 8400부대'였어요. 병사의 어깨에는 동그라미 안에 히라가나 '사さ' 자가 들어 있는 견장이 붙어 있었습니다. 만달레이에는 위안소가 세 곳이 있었지요. 이곳의 위안부는 모두 조선인이었어요.

위안소 건물은 열 명 정도의 병사가 와서 만들었습니다. 멍석

문옥주 할머니를 처음 만난 것은 1992년 12월이다. 할머니는 처음으로 저널리스트에게 증언했다. 이름을 밝히고 증언하라고 권유했던 학교의 선생과 함께 호텔로 찾아왔다. 필자는 할머니와 6시간 동안 인터뷰했다.

기억하겠습니다

으로만 구분해놓은 방이었어요. 키가 큰 병사라면 안을 들여다볼 수 있을 정도였지요. 방 안에는 이불과 베개만 있었습니다.

아침 9시부터 병사들은 위안소에 왔어요. 8시부터 오는 병사도 있었습니다. 병사들의 외출 날짜는 부대마다 달랐기 때문에 교대로 매일 왔어요. 병사는 복귀 시간이 정해져 있었지만, 제한이 없었던 장교는 밤중에 와서 새벽 1~2시까지 있을 때도 있었습니다. 한 사람이 하루 30~70명을 상대해야 했어요. 시간은 한 사람당 1시간으로 되어 있었습니다. 하지만 밖에서 줄 서서 기다리고 있는 병사들이 "빨리 나오라"고 소리쳤기 때문에 시간이 되지 않아도 병사들은 순서대로 바뀌었지요.

조선인 군인과 군속도 위안소에 왔습니다. 군속은 포로감시원[2]이었지요. 같은 민족인 우리가 불쌍하다며 함께 울기도 했어요.

주에 한 번 방을 소독했고, 부대의 군의관이 우리를 검사했습니다. 임질에 걸린 사람도 있었는데 입원은 할 수 없었습니다. 그저 위안소 자기 방에 누워 있을 수밖에 없었지요.

우리는 사단사령부가 발행하는 '외출증명서'가 없으면 자동차도 탈 수 없었어요. 이 증명서는 군인, 군속이 외출할 때 필요한 것입니다. 월 1회 휴일에는 이 증명서를 가지고 5~6명이 함께 외출했어요. 거기에는 '후미하라文原 외 몇 명'이라는 외출자의 이름과 '몇 시부터 몇 시까지'라고 외출 시간이 적혀 있었고, 도장이 찍혀 있었지요. 후미하라는 창씨개명한 나의 성입니다.

　병사는 어디서 샀는지 모르겠지만 표를 가지고 왔습니다. 우리는 위안소에 들어온 병사에게서 표를 받아 모아두었다가 마쓰모토에게 넘겼어요. 요금은 사병이 1엔 50전, 하사관은 2엔, 대위, 중위, 소위는 2엔 50전, 대령, 중령, 소령은 3엔이었습니다. 한 달에 한 번 우리는 수입의 반을 현금으로 지급받았어요. 이 현금으로 밥반찬, 옷, 담배 등을 샀고, 때론 술을 사서 마시기도 했지요. 우리 모두 그 돈을 생활비로 썼습니다. 나에게는 저축해둔 1만 5000엔이 있었는데, 이는 병사들이 준 팁을 모은 거였지요.

　위안소가 있던 곳에는 시모노세키에 본사를 둔 '야전우편국[3]'이 있었습니다. 일반인은 이용할 수 없었어요. 하지만 위안부는 군속이었기 때문에 예금할 수 있었지요.

　병사들은 언제나 우리에게 "조센삐" "조센징 주제에"라고 말했습니다. 언젠가 술에 취한 병사가 와서 일본도를 휘두른 적이 있었어요. 나는 "적에게 쓸 칼을 가지고 같은 대일본제국의 여성을 죽이려 하느냐"고 하며 병사의 칼을 빼앗으려고 했습니다. 하지만 그는 칼에 찔려 죽고 말았습니다. 나는 재판에 넘겨졌는데 정당방위로 무죄 판결을 받았어요.

　거기서 5개월 동안 머물다가 인도 가까이에 있는 '아카브'라는 최전선으로 이동했습니다. 적의 비행기에 발각되지 않도록 섬에 숨어서 5~6인승 배로 이동했어요. 불을 사용하면 들키기 때문에 2~3일간 요리를 할 수 없었지요. 우리가 도착한 지 2~3일 뒤에 만달레이에 있었던 같은 부대가 합류했습니다.

그곳에 1년 정도 있었습니다. 그곳에는 네 개의 위안소가 있었는데, 그중 두 곳에는 일본인 여성이 있었고, 한 곳에 장교 전용이었어요. 이곳은 영국군의 공습이 심했습니다. 하루에 대여섯 번, 많을 때는 열두 번이나 공습이 있었지요. 내 발에는 그때 폭탄 파편으로 생긴 상처가 남아 있어요. 다른 위안소에서는 공습으로 죽은 여자도 있었으니까요.

다음에는 프롬으로 옮겨 5개월간 있었습니다. 그곳에는 옆으로 누운 커다란 불상이 있었어요. 병사들과 함께 보러 간 일도 있어요.

거기서 다시 랑군으로 돌아와 '랑군회관'에 2~3개월 머물렀어요. 다음은 태국 방콕으로 가서 한 달간 있었습니다. 방콕에서는 위안부 일을 하지 않았어요. 우리는 군대 숙소 같은 곳에서 군속들과 생활했지요.

그후 부상병의 간호를 위해 아유타야에 있는 '육군야전병원'으로 갔어요. 병원에는 일본적십자 간호사[4]가 14~15명 있었습니다. 우리는 그들에게 주사 놓는 방법, 붕대 감는 방법, 지혈과 맥을 잡는 방법, 체온 재는 방법, 말라리아나 종기 치료법 등에 관한 교육을 한 달간 받았어요.

병사와 하사관의 병동에 100명, 위관 병동에 14명, 사관 병동에 50명이 입원해 있었습니다. 폐병(격리) 병동도 있었어요. 우리는 임시 간호사가 되어 병사와 하사관 병동만을 담당했는데 다른 병동과는 달리 부상이 심한 사람들이 많았지요. 군인들의 비명이 끊이지 않았습니다.

이곳에서 3~4개월 정도 일했을 때 일본이 무조건 항복을 했다는 소식을 들었어요. 그때까지는 일본이 이기고 있는지, 지고 있는지도 몰랐습니다.

귀국하게 된 것을 그로부터 3개월 정도 뒤였지요. 살아남은 위안부 여자들은 거의 돌아갔지만, 돈이 있는 사람은 그곳에 남는 경우도 있었어요. 대구에서 함께 왔던 17명 중에는 투신하거나 약물 자살한 사람도 있었고, 폐병으로 죽은 사람도 있었습니다. 배가 침몰해서 죽는 사람도 있었지요. 13명만이 살아남았습니다.

적십자 표식을 붙인 귀국선에는 조선인만 1,000명 정도 타고 있었어요. 군인과 군속, 위안부, 민간인 들이었지요 대부분 남자들이었고, 여자들은 거의 위안부였지요. 같은 위안부라 할지라도 랑군 등 도시에 있었던 사람들은 안색이 좋았지만, 우리는 거지 같았습니다. 그래도 살아서 고향으로 돌아갈 수 있다며 울었지요.

배는 시모노세키로 간다고 들었는데 도착한 곳은 인천이었어요. 나는 야전우편국의 예금통장이 있었기 때문에 시모노세키로

기억하겠습니다

가고 싶었습니다.

대구 본집에 돌아오니 가족은 울면서 기뻐했습니다. 태국에서 편지와 함께 보낸 5,000엔이 도착해 있었어요. 가족은 내가 식당에서 일했다고 생각했지요.

결혼은 하지 않았습니다. 위안부였던 것도 있고, 돈도 없었기 때문이지요. 사과 행상을 하기도 했고, 남의 집에서 일하기도 하면서 많은 고생을 했습니다. 나는 얼마 전까지 아는 사람 집에서 청소와 세탁을 하면서 생활하고 있었는데, 최근 일이 없어졌어요.

1979년 무렵 자궁이 아파서 병원에 갔더니 자궁내막염이라고 하여 나팔관을 도려냈습니다. 이 때문에 지금도 자궁이 아프고 허리가 아프곤 하는데 모두 위안부 일 때문이라고 생각해요. 류머티즘과 신경통만이 아니라 혈압이 높아서 여러 가지 약이 필요한데 돈이 없어서 먹지 못하고 있습니다.

같은 배로 귀국한 여자들과는 인천에서 헤어졌는데 연락이 되어 열 명과 만났어요. 위안소에서 낳은 아이를 키우면서 생활하는 사람도 있었지요. 그녀들은 하나같이 "자기 경험을 말하고 싶지 않다"고 말했습니다. 내가 나의 경험을 말할 수 있는 이유는 동생은 있어도 가정은 없기 때문이에요.

이러한 일 때문에 아직도 밤에 잠을 잘 이루지 못합니다. 자려고 하면 어떤 광경이 너무도 생생하게 되살아나서 울면서 깨는 일도 많아요. 지금도 생각나는 것은 랑군에서 자살한 여자의 시체를 태울 때입니다. 잘 타도록 막대기로 쑤셨는데 시체에서 기름이 흘러나왔어요. 이 때문에 귀국해서도 2년 정도는 불고기를 먹지 못했지요. 지금도 볼 때마다 생각이 날 정도예요. 다른 일도 있었어요. 아카브에서 공습이 있을 때면 사이렌이 울리고 했는데, 한국에 야간통행금지[5]가 있을 시절 자정 사이렌을 듣고 밖으로 뛰쳐나가기도 했지요.

일본에서 보상금을 받으면 그 돈으로 사립 양로원에 들어가고 싶어요. 보상금을 받고 싶은 이유입니다. 그리고 내 인생이 이렇게 되어버린 것에 대해 일본의 도덕적인 사죄를 받고 싶습니다. 내가 증언한 것은 실제로 있었던 일입니다.

1991년 12월 18일, 1996년 2월 26일 취재

1   '다테사단'은 1940년 편성된 '제55사단'의 옛 명칭으로 '8400부대'는 사단사령부.

2   일본군은 아시아태평양전쟁 초기에 영국, 네덜란드, 오스트레일리아 연합군의 군인 26만 명의 포로가 있었다. 이 포로를 감시하기 위해 조선인과 대만인을 군속으로 모집했다. 조선에서는 약 3,000명이 태국, 미얀마, 말레이시아, 자바 등에 파견되었다. 일본 패전 후 일본의 전쟁 책임을 묻는 군사법정에서 조선인 148명이 'BC급 전범'이 되었고, 그중 23명에게 사형이 집행되었다.

3   군전용 이동우편국. 문옥주 할머니가 예금을 한 우편국은 1942년 5월 30일 프롬에 개설한 '제302야전우편국'. '군사우편저금'은 아시아태평양전쟁 중 '시모노세키 저금지국'이 관리하고 있었는데, 원장에는 문 할머니가 저금한 2만 5245엔이 기재되어 있다. 이를 근거로 문옥주 할머니는 1992년 예금 지불을 요구하는 소송을 제기했지만 2003년 패소가 확정되었다.

4   '일본적십자사'에서 교육을 받은 간호사는 전시에 소집에 응해야 하는 의무가 있다. 군병원, 병참병원, 병원선 등에 '구호반'으로 파견된다. '종군간호부'라 부른다. 조선인과 대만인 '종군간호부'에 관해서는 졸저《アジアの戦争被害者たち》(草の根出版会, 1997),《棄てられた皇軍》(影書房, 1995)를 참조.

5   1945년 9월부터 서울과 인천지역에서 실시되었는데, 한국전쟁 직후인 1950년 7월 전국으로 확대되었다. 자정부터 새벽 4시까지 의사를 제외한 민간인의 외출이 금지됐다. 전면 해제된 것은 1982년 1월이다.

리계월
李桂月

임신하면 아무짝에 쓸모없으니 죽어라

1921년 9월 6일 출생
북한에서 생활
2005년 10월 19일 사망

내가 태어난 곳은 황해도 벽성군 백운리입니다. 이곳에는 오 진 사라는 대지주가 있었어요. 가난한 우리 집은 그의 땅을 빌려 소작을 했지요. 지주에게 쌀을 빌리면 가을에는 수십 배의 쌀을 갚아야 했습니다.

내가 다섯 살 때 일이에요. 아버지는 신세를 지고 있던 지주 집 소뿔에 갈비뼈를 받혀서 돌아가셨습니다. "일할 남자가 없으면 여자는 필요 없다"며 어머니와 오빠, 여동생 둘과 나는 그 집에서 쫓겨났습니다. 2년간 구걸하며 살았지요.

죽은 아들의 며느리가 리계월 할머니를 돌보고 있었다. 며느리는 필자가 인터뷰할 때도 옆에서 지켜봐주었다.

증언자 대부분은 1992년과 1993년에 이름을 밝히고 피해 사실을 증언하기 시작했지만,
리계월 할머니는 1999년에서야 피해 사실을 처음으로 밝혔다.

피해 여성의 증언 청취를 위해 평양을 간 '일본변호사연합회'의 전 회장 쓰치야 고켄土屋 公献.

기억하겠습니다

우리 가족은 일본인이 경영하는 광산에 가게 되었어요. 오빠가 그곳에서 일했습니다. 하지만 낙반 사고로 허리를 다쳐 일할 수 없게 되었지요. 이 때문에 어머니는 재혼했습니다. 나도 어쩔 수 없이 오오숙이라는 면서기 집에 들어가 아이 돌보는 일을 했어요. 그때가 여덟 살 때였습니다. 면서기 집에서는 급료가 없었어요. 그대로는 생활이 힘들었기 때문에 나는 열세 살이 되던 해 여관 일을 소개받고 그 집을 나왔지요.

여관에서 일한 지 3년이 되던 1937년 3월의 일입니다. 이장이 와서 "너는 여기서 평생 하녀로 일하면서 살 거냐? 좀더 좋은 일자리를 소개시켜주겠다"고 말했어요. 나는 "3년간 일한 여기가 좋다. 그리고 어머니와 가족과 떨어져 있고 싶지 않다"고 거절했습니다. 그러자 다음 날 이장의 아랫사람이 와서 나를 억지로 역으로 끌고 갔어요. 그곳에는 수비대 병사와 별 두 개를 단 '다카다高田'라는 장교(중위나 중령으로 추정)가 기다리고 있다가 나를 화물 열차에 밀어 넣었습니다.

안은 깜깜했는데 이미 소녀 두 명이 있었어요. 어디서 왔느냐고 서로 물었습니다. 이쁜이라는 소녀는 나와 고향이 같았어요. 다른 한 명은 키가 작은 리영자입니다. 우리 셋은 지옥에 갈지도 모른다는 불안함을 견디지 못하고 울면서 문을 두들겼습니다. 작은 구멍으로 들여보내준 주먹밥에는 손대지도 않았어요.

우리 세 명은 하얼빈 역에서 내려 하룻밤 자고 '하얼빈마루'라는 배를 타고 다음 날 무란木蘭현(쑹화강 중류에 위치)에 도착했습니다. 거기서 다시 마차를 타고 민가가 한 채도 보이지 않는 숲속의 일본군 주둔지로 동원되었어요. 우리 세 명을 각각의 방에 넣으려고 해서 "죽일 테면 죽여라. 죽어도 함께 있겠다"고 저항을 했지만 얻어맞기만 했지요. 그러자 병사는 "여기가 어디라고 생각하느냐? 천황의 명령으로 너희들은 여기 온 거야. 죽을지 살지 선택하라"고 윽박질러 우리를 두려움에 떨게 했습니다.

들어간 건물의 벽은 판자였고 바닥에는 멍석이 깔려 있었어요. 보리밥을 주었는데 배가 고팠기 때문에 먹기는 했지만 허기는 채워지지 않았지요. 그후 "이랏샤이" "도조" 같은 일본어를 배웠습니다.

이렇게 열흘 정도가 지나자 다카다가 왔어요. 그가 이곳에서 명령하는 사람이었지요. "너희들은 내 말을 듣지 않으면 죽는다. 일요일에는 수비대 병사를 상대하라"고 말했습니다. 그는 우리를 때리더니 강간했어요.

일요일은 지옥 같은 날이었어요. 병사들이 종일 줄 서서 쉬지도 않고 우리를 폭력적으로 범했지요. 아침 8시부터 자정이 지날 때까지 30~40명을 상대해야 했습니다. 말한 대로 하지 않으면 갈비뼈가 뿌려질 정도로 발로 차고 주먹으로 때렸습니다. 성행위 때 병사는 콘돔을 사용했어요. 나는 '마쓰코', 이쁜이는 '아이코', 그리고

기억하겠습니다

영자는 '에이코'라고 불렸습니다.

통제가 심했기 때문에 위안소에 어디 출신 여성이 몇 명이나 있는지는 알 수 없었습니다. 하지만 중국인과 일본인도 있는 것 같았습니다. 매일 조례가 있었습니다. "이기고 오자…"라고 노래 부르고 '황국신민의 서사'를 유창하게 암송하지 못하면 "이놈, 저놈"이라고 욕먹으며 턱을 얻어맞았어요. 정신을 잃기도 했지요. 이 일로 나는 턱뼈가 삐뚤어졌습니다. 그것만이 아니라 군도에 찔린 상처가 아직도 남아 있어요. 식사는 식당에 근무하는 병사가 가지고 왔습니다. 우리의 식사는 보리, 태국쌀, 조 등이었고, 된장국은 본 적도 없었어요. 하지만 군견에게는 소고기와 채소가 들어간 국을 주고 있었지요.

진찰받은 적은 한 번도 없습니다. 병이 나도 치료받지 못했어요. 열네 살인 영자가 병이 나서 배가 크게 부풀어 올랐습니다. 배가 아파 누워 있는데 놈들이 덮쳤고, 영자는 울면서 소리지르고 반항했습니다. 그러자 다카다가 말했어요. "너희 조선 년들은 100명이 죽어도 아무 상관이 없어! 이년은 임신해서 아무짝에 쓸모가 없으니까 죽여라." 병사가 에이코의 배를 군도로 갈랐어요. 하지만 태아는 없었지요. 임신한 게 아니라 복수가 찼던 거지요. 에이코를 들판에 내다버리자 개들이 뜯어먹었습니다. 이를 본 우리는 정신을 잃었어요.

함께 동원되었던 이쁜이는 열세 살로 아직 아이였습니다. 그녀는 영양실조에 걸린 것처럼 야위었는데, 일요일이면 100명과 성행위를 강요받았습니다. 어느날 갑자기 이쁜이의 비명이 들렸고, 멈칫한 병사를 뿌리치고 내가 달려가는데 이쁜이는 칼에 찔려 죽었습니다. 끌려올 때부터 영자와 이쁜이 그리고 나는 "함께 돌아가자. 죽더라도 함께 죽자"고 맹세를 했습니다. 그렇게 두 사람이 죽어버리자 다음에는 내가 죽을 거라는 불안감이 가득해졌어요.

평일에는 장교들이 술에 취해 춤을 추거나 난동을 피우고 끝없이 우리에게 성행위를 강요했어요. 다카다가 나에게 성행위를 하려고 해도 내가 정신을 잃고 반응이 없자 불붙은 담배를 배에 대고 지졌습니다. 내가 "앗, 뜨거!" 놀라서 비명지르자 "이거 재밌는데"라며 온몸을 담배로 지졌지요. 나는 다시 정신을 잃었습니다. 이 상처는 지금도 남아 있어요.

어느 날 희천에서 끌려온 다섯 명의 여성이 도망가려다가 잡혔어요. 놈들은 우리 모두를 마당에 모이게 했습니다. 여자 다섯 명은 손발이 로프로 묶여 있었어요. 놈들이 그녀들을 그곳에 있던 맨홀에 차례로 던져 넣었습니다. 물 밖으로 얼굴이 나오면 몽둥이로 후려쳐서 수장시켜버렸지요. "도망가면 너희들도 이렇게 된다"며 우리에게 호통쳤습니다.

이렇게 고통스럽고 지옥 같은 생활을 강요당하며 2년이 흘렀습니다. 3월의 어느 날, 아침부터 장교들이 술에 취해 큰 소리로 노래를 부르고 있었지요. 오늘이 무슨 날인가 생각했습니다. 다카다가 나를 불러 그에게 가서 인사하자 그는 "오늘은 나의 생일이다"고 말했어요. 만취했지만 무척이나 기분 좋은 상태였지요. 그는 나에게 "산보 나갈까?" 물었습니다. 이곳으로 끌려와서 한 번도 밖에 나가 본 적이 없었습니다. 나는 그의 요청을 받아들였어요.

다카다는 마차를 불러 술, 맥주, 사탕, 비스킷 등을 싣고 다른 병사 한 명과 함께 탔어요. 한참을 가더니 웬일인지 다카다는 병사에게 "내리라"고 명령했고, 병사는 마차에서 내렸지요. 쑹화강 부근에 도착하자 내가 타고 왔던 '하얼빈마루'가 강변에 정박하고 있었습니다. 배를 보고 '이 기회를 잡아 저 배에 타지 못하면 나는 반드시 죽을 것'이라고 생각했지요.

강변 풀밭에 자리를 잡고 나는 다카다에게 독한 중국 술을 마시게 했어요. 그는 술에 취해 잠이 들더니 내가 두드리거나 차는데도 일어나지 않았습니다. 나는 나막신을 벗어던지고 도망치기 시작했어요. 낚시하는 한 청년이 보였습니다. 청년은 조선인이었어요. "도와달라"고 하자 청년은 내가 어떤 상태인가를 바로 알아차렸지요. 그 부근에는 조선 여자들이 끌려와서 비참한 생활을 보내고 있다는 소문이 널리 퍼져 있었어요. 청년은 나를 자신의 집으로 데리고 갔습니다. 그리고 나를 병원에 가는 환자처럼 등에 업고 '하얼빈마루'에 태웠지요.

도착한 하얼빈에서는 거지처럼 방황하며 연명했습니다. 하지만 나는 "조선으로 돌아가서 이장에게 복수해야만 한다"고 결심하고, 어느 조선인 집에 기대어 1년 반을 보낸 뒤 고향으로 돌아왔습니다.

고향에 오자 여관은 없어졌고 이장은 죽었는지 보이지 않았어요. 갈 곳이 없었기 때문에 거지처럼 생활하다가 오빠를 다시 만났습니다. 어머니는 돌아가셨어요. 오빠와 방을 빌려 함께 생활을 시작했습니다. 1년 정도 지났을 때 처녀 공출한다는 소문이 무성했지요. 남자는 모두 강제 동원 당했고, 독신 여성도 끌려갔습니다.

죽을 각오를 하고 돌아왔는데 다시 반복할 수는 없었어요. 얼굴도 본 적 없는 열일곱 살 연상의 남자와 결혼했습니다. 나는 이 길을 선택할 수밖에 없었어요. 이렇게 공출을 피할 수 있었지만 나는 아이도 낳을 수 없었고, 사람 역할도 할 수 없었지요.

8월 15일에 조국이 해방되었습니다. 나라에서는 나를 무상으로 입원을 시켜 골절되거나 찔린 상처 등을 치료해주었지요. 나는 한국전쟁으로 고아가 된 세 명의 여자아이와 두 명의 남자아이를 키웠습니다. 조국의 배려로 행복한 생활을 하고 있으므로 훌륭하게 키워서 나라에 이바지하게 하려고 해요.

나는 최근까지 내가 경험한 것을 숨겼습니다. 위안부라는 말은 몰랐지요. 나는 봉건 여성이었어요. 어떻게 내가 일본군에게 받았던 모욕을 이야기할 수 있었겠어요? 목욕탕에서도 몸에 있는 상처가 보이지 않도록 숨겼어요. 남들에게 조선 여자의 자존심으로 순결한 삶을 살았다고 말하고 싶었어요. 아이들에게도, 25년 동안 부부로 함께했던 남편에게도 말하지 않았습니다. 하지만 TV에서 '위안부가 되었던 여성들을 나라에서 찾고 있다'는 이야기를 들었어요. 이 문제는 나만의 문제가 아니라 조선 여자 전체의 문제라고 생각해서 나를 드러냈습니다. 이런 나에게 죽은 아들의 며느리가 감격한 나머지 "재혼하지 않고 죽을 때까지 시어머니를 돌보겠습니다. 다음 세대가 되더라도 한을 씻어드리겠다"고 말해주었지요.

끌려가서 온갖 고생을 다 했던 잔혹한 날들을 돌아보며 일본 분들에게 하고 싶은 말이 있습니다. 일본으로부터 받았던 야수 같은 짓들을 생각하면 지금도 분해서 치가 떨려요. 아무 죄도 없는 많은 어린 조선인 여자를 위안부로 삼고 학살한 대죄에 대해서도 사과하지 않고, 일본 정부는 아무런 관여를 하지 않았다고 말하는 일본의 태도에 나는 분노를 금할 수 없어요. 나 자신은 한 푼도 받은 적이 없고, 일부 사람들이 말하는 것처럼 상행위商行爲를 한 적도 없습니다. 있지도 않은 헛소문을 퍼트리는 것을 용납할 수 없어요. 일본을 통째로 팔아서 보상해준다 하더라도 죄는 없어지지 않습니다.

1999년 7월 15일, 2001년 3월 19일 취재

강덕경
姜德景

근로정신대로 갔다가 위안부가 되었습니다

1929년 6월 13일 출생
서울에서 생활
1997년 2월 2일 사망

나는 경상남도 진주에서 태어났어요. 아버지는 내가 어릴 때 돌아가셨지요. 나는 어머니와 동생 셋이서 살았습니다. 할머니가 지주였기 때문에 어머니는 할머니의 논에서 일했어요.

여덟 살 때 조선인만 다니는 요시노吉野국민학교[1]에 들어갔습니다. 우리 학급은 70명이었어요. 일본인은 옆에 있는 다른 학교에 다녔지요. 할머니가 공부에 대한 열정이 높아서 다닐 수 있었습니다. 매일 도시락을 가지고 다녔지요. 도시락에는 밥과 무말랭이, 문어, 단무지 등 반찬이 들어 있었어요.

강덕경 할머니가 1992년 가을까지 생활했던 집은 밭 한가운데에 있었는데, 이곳은 과거 저수지였다.

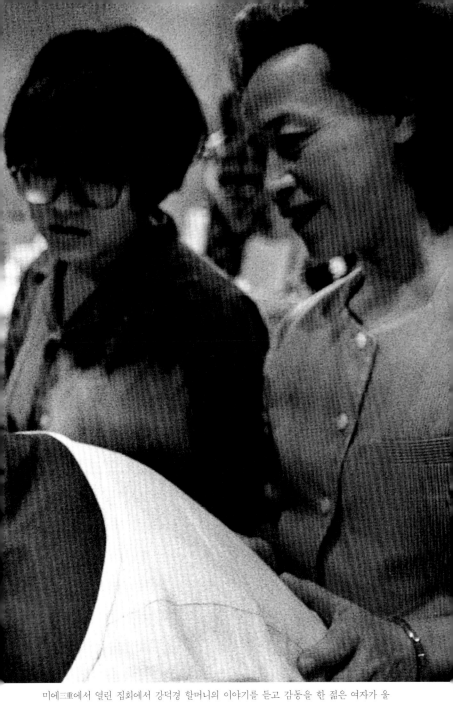

미에三重에서 열린 집회에서 강덕경 할머니의 이야기를 듣고 감동을 한 젊은 여자가 울음을 터트렸다.

1학년 때는 남녀가 각각 한 반씩 있었는데, 3학년 때는 합반을 한 학급이 생겼어요. 담임선생님은 일본인이었지요. 1학년 때는 조선어 수업이 있었지만, 이후에는 일본어만 배웠습니다.

담임선생님이 자기 이름을 새긴 도장을 종이쪽지에 찍어 30매씩 나눠주었습니다. 친한 친구라도 조선어를 한 마디라도 하면 나눠준 종이쪽지를 가져갔습니다. 쪽지가 전부 없어지면 벌을 받았어요. 당시에는 쪽지를 많이 모으는 것이 자랑이라고 생각했습니다.

국민학교에 '고등과'가 생겨서 1학년이 되었을 때 담임선생님이 가정 방문을 왔지요. 담임선생님은 "일본으로 가는 것은 천황 폐하에게 충성을 다하는 길이다. 흰쌀밥을 먹고, 돈도 벌 수 있고, 공부도 계속할 수 있다"며 일본 공장에 가는 것을 권했어요.

학급 모두가 모여 있는 곳에서 담임선생님이 "정신대에 갈 사람은 손을 들라"고 했습니다. 하지만 아무도 손을 들지 않았지요. 결국 나를 포함해서 우리 학급에서는 두 명이 가게 되었습니다. 1943년[2]이었는데 나는 열여덟 살이었어요.

진주에서 50명이 기차를 타고 출발했고, 마산에서 50명이 추가되었습니다. 다시 부산에서 50명이 추가되어 모두 150명이 되었지요.

우리는 부산에 있는 도청[3] 앞 광장에 모였습니다. 내 친구가 도지사 앞에서 우리를 대표해서 결의문을 읽었어요. 인솔 책임자는

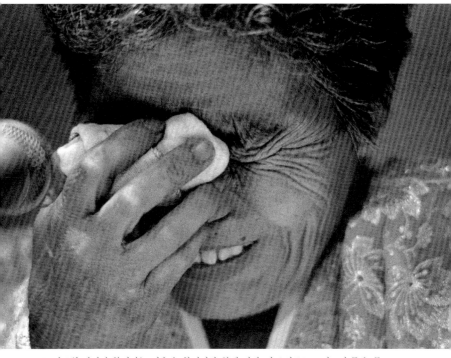

1992년 8월 강덕경 할머니는 이용수 할머니와 함께 미에, 마쓰시로松代, 나고야 등을 돌며 피해 사실을 증언했다.

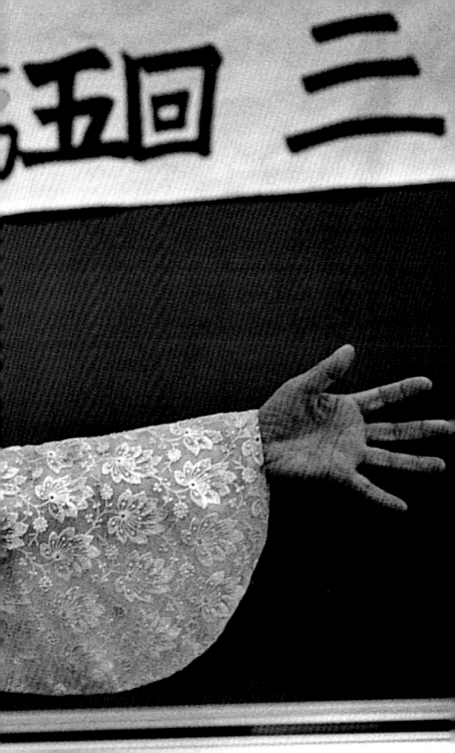

"너희들은 이제부터 대일본제국을 위해 여자근로정신대[4]로 일하게 된다"고 말했지요.

연락선[5]을 탔어요. 우리는 어머니가 생각나서 울었습니다. 연락선을 호위하기 위해 하늘에는 두 대의 비행기가, 바다에는 좌우로 두 척의 군함이 함께했어요.

시모노세키에서 탄 기차가 도착한 곳은 도야마富山현에 있는 '후지코시'라는 공장이었어요. 가는 곳이 '도야마'인지 '후지코시'인지는 도착할 때까지 몰랐습니다.

우리는 국방색 모자를 쓰고 가슴에는 '대일본여자정신대'라고 쓰인 헝겊을 붙였습니다. 기숙사에서는 지역별로 구분해서 한 방에 12~13명이 들어갔어요. 우리는 '대대' '중대' '소대'로 편성되었습니다. 나는 '중대장'이 되었습니다. 이후에 진주에서는 또 한 무리가 왔습니다.

일주일간은 공장 견학을 하고 기계의 이름을 익혔어요. 이 사이에는 소풍도 다녀왔지요. 그때 후시키伏木에서 물을 가져왔던 집이 방 씨 성을 가진 조선인 집이었습니다. 이곳에서는 바다와 배를 볼 수 있었어요.

강덕경 할머니는 일본대사관 앞 수요시위에 참석하여 이용수 할머니와 함께했다. 할머니는 선두에서 일본군 위안부의 진상을 밝히라고 외쳤다.

도야마는 눈이 많이 내리는 지역이라서 기숙사에서 공장까지 눈 터널을 지나기도 했습니다. 머리 위로 손을 크게 흔들면서 노래를 부르기도 했답니다. 어렸을 때부터 좋아하던 노래였는데, 군가에 내가 만든 가사를 붙여 불렀어요.

일주일마다 주간과 야간을 교대하면서 근무했습니다. 나는 선반을 다루었는데 칼날을 자주 태워서 일본인에게 야단맞았어요. 부드러운 카본을 깎는 건 쉬웠지만 강철은 힘들었습니다. 회사로부터 급료가 얼마라는 것을 듣지는 못했지만 "예금을 하고 있으니 돌아갈 때 주겠다"고 했지요.

이때 식사 이야기를 하면 지금도 눈물이 나와요. 나누어준 식사를 보고 놀랐어요. 조선에서는 할머니가 흰쌀밥만을 주었는데, 여기서 나오는 밥은 양도 너무 적고 비참했기 때문입니다. 젓가락으로 한 알 한 알 세면서 먹을 정도로 밥이 적었지요. 몸집이 작았던 나도 부족해서 견디기 어려웠어요.

우리는 점심으로 콩찌꺼기로 만든 삼각형 빵 세개를 아침 식사 뒤에 받았어요. 하지만 배가 무척이나 고팠기 때문에 바로 먹어버렸지요. 점심시간이 되면 일본인들이 밥 먹는 것을 보며 웅크리고

강덕경 할머니는 서울 시내에 있었던 '나눔의 집'에서 피해 여성들과 함께 생활했다.

기억하겠습니다

강덕경 할머니가 자신이 그린 〈빼앗긴 순정〉 앞에 섰다. 일본군 위안부 할머니들은 자신의 아픈 경험을 그림으로 표현했다.

기억하겠습니다

있었습니다.

너무나 배가 고파서 "오늘은 일어나지 말자"고 '중대장' 세 명이 결정하여 모두에게 전달했습니다. 이 때문에 사감이 "기상!"이라고 했는데도 아무도 일어나지 않았지요. 크게 화가 난 사감은 벨을 누르고 방으로 들어와 머리까지 덮고 있던 이불을 잡아당겼습니다. '대대장'은 어쩔 수 없이 "일어나라"고 말했어요. 우리는 마지못해 따랐습니다. 때때로 이런 일들도 있었답니다.

나는 '여기서 살 수는 없다. 어떻게든 도망을 쳐서 한 번이라도 좋으니까 배불리 먹고 싶다'는 생각밖에 없었어요. 여자 세 명이 도망쳤다는 이야기도 들렸습니다.

'후지코시'에 도착한 지 3~4개월이 지났을 무렵 같은 학교에서 온 친구들과 새벽을 틈타 도망쳤습니다. 예전에 간 적이 있던 후키시에 있는 조선인 집에 가서 점심밥을 얻어먹었어요. 하지만 바로 기숙사 사감 두 명이 왔습니다. 그들은 우리를 꿇어앉히더니 "모범적으로 일하던 너희가 어떻게 이럴 수가 있느냐"고 말하기는 했지만 벌주지는 않았어요.

공장에 돌아와 작업장에 가는데 지붕까지 쌓인 눈을 보고 슬퍼졌지요. 마음속에 "이런 일은 참을 수 없으니 어떻게든 다시 도망치겠다"는 생각만 가득했어요.

다음번에는 이불과 베개로 사람이 자고 있는 것처럼 보이게 하고 밤중에 둘이 철조망을 넘어 도망쳤습니다. 처음으로 도망친 지 2~3개월 지났다고 생각해요.

후키시에 있는 조선인 집으로 가면 또다시 잡힐 수 있었기 때문에 우왕좌왕하고 있었어요. 그때 지나가던 트럭이 멈추었지요. 나는 트럭에서 내린 병사의 손을 잡고 트럭에 탔어요. 뒤돌아보니 함께 있었던 친구들은 보이지 않았습니다. 트럭에는 병사와 운전수 두 사람뿐이었어요. 병사는 완장을 차고 있었는데, 어깨에는 별이 세 개[6] 있었습니다. 완장에는 '헌병[7]'이라고 쓰여 있었다고 기억해요. 후에 그의 이름이 '고바야시小林'라는 것을 알았습니다.

몇 개의 고개를 넘어가자 왼편으로 불빛이 점으로 보였어요. 그러더니 오른편에 작은 동산이 있는 곳에서 차가 멈추었지요. 나는 병사의 손을 잡고 내렸어요. 그 작은 동산 위에서 나는 당했습니다. 나를 덮친 병사가 무엇인가 하고 있었지만, 그때 나는 무엇을 하는지 알지 못했지요. 아랫배가 아파서 참을 수 없었습니다.

다시 트럭을 타고 2~3동의 건물이 있는 부대에 도착했어요. 나는 부대 옆에 있던 텐트에 들어갔지요. 그곳에는 이미 5~6명의 여자아이들이 있었습니다. 얼굴색이 검고 아무 말도 하지 않았던

마쓰시로에 있던 과거 위안소 자리에서 강덕경 할머니는 주저앉았다.

한 사람은 어느 나라 사람인지 몰랐지만 나머지는 모두 조선인이었어요.

텐트 안에는 1인용 침대가 있었고, 거기서 병사들을 상대했습니다. 나는 아랫배가 아파서 밤에 잠을 잘 수가 없었어요. 그들은 나를 '하루에'라고 불렀습니다.

나는 처음에 나를 잡아온 병사만을 상대했지만, 사흘 뒤부터는 다른 병사들도 상대해야 했어요. 병사는 매일 왔습니다. 하루에 4~5명, 토요일과 일요일에는 10명 이상이었어요. 토요일은 사형집행일 같았습니다.

어느 날 밤 나와 한 여자는 모포를 가지고 산 쪽으로 끌려갔어요. 그곳에는 호壕가 있었는데 경비를 서고 있던 병사 몇 명이 있었습니다. 가지고 있던 총을 옆에 세우고 우리를 덮쳤습니다. 나는 배가 아파서 걸을 수가 없었어요. 병사 두 명이 양쪽에서 부축하여 텐트로 돌아올 정도였지요.

그로부터 며칠이 지나 나를 처음으로 범했던 병사가 와서 그곳의 병사와 여자들을 세 대의 트럭에 나누어 태웠어요. 이곳에 온지 약 4개월 정도 지났을 무렵이었지요. 이동하는 동안 오른편으로 크고 작은 산들이, 왼편으로는 강인지 바다인지 모르는 물가가 보였어요.

도착한 곳은 전에 있던 곳보다 큰 부대였지요. 주변에는 밭이

펼쳐져 있었습니다. 산이 보였고 산기슭에는 방공호와 마을이 있었어요. 이 방공호는 대단히 컸는데 그 속에서도 병사를 상대해야 했지요. 그곳에 머문 지 얼마 후 눈이 내렸습니다.

우리가 머무는 작은 집에는 약 스무 명의 여자들이 있었어요. 끌려온 우리 5~6명은 이곳에서 생활하게 되었지요. 기존에 있었던 여자들은 다른 집에서 살고 있었고, 2~3일마다 왔습니다. 위안소는 이곳만이 아니라 다른 곳에도 있는 듯했어요.

집은 창고 같았는데, 건물 안쪽에 있는 문을 통해서 출입하게 되어 있었지요. 안에는 5~6개의 방과 식당이 있었어요. 이곳에 오는 사람들은 병사들과, 군복을 입긴 했지만 계급장이 없는 사람들이었습니다.

나는 여자들 가운데 가장 나이가 어렸어요. 외출이 허용되던 언니가 "이곳에는 공사 현장과 군부대가 있다"고 가르쳐주었지요. 고바야시에게 "여기가 어디냐"고 물었더니 '마쓰야마'인가 '마쓰시로[8]'라고 말해줬어요. 그는 "쉿" 하고 입에 손가락을 대고 목소리를 낮췄지요. 그는 "여기는 천황 폐하가 피난하러 올 장소"라고 말했습니다. "이것은 군사비밀이기 때문에 사람들에게 말하면 안 된다. 말하면 죽여버린다"고 했어요.

어느 날 밖의 분위기가 이상해서 위안소 밖에 나왔는데, 부대 안에서 병사들이 아무 말도 하지 않고 울고 있었어요. 부대 밖에서

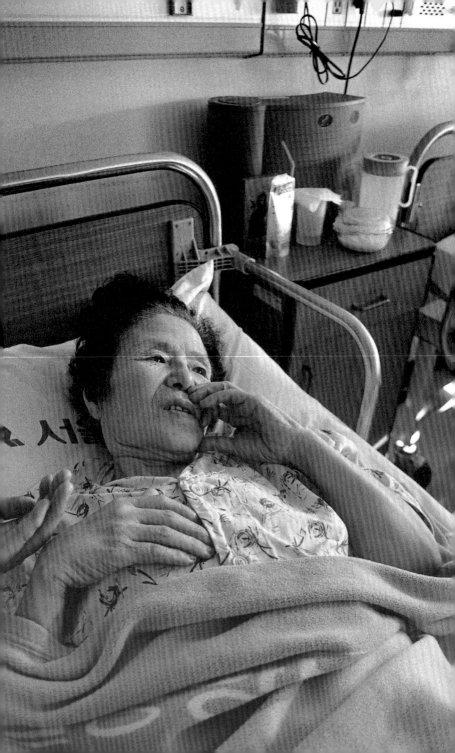

는 조선어로 "전쟁이 끝났다"는 소리와 함께 "만세, 만세"라고 외치는 소리가 들렸지요. 종전이 되었습니다.

나는 트럭에 타고 있는 조선인을 붙잡고 "도야마까지 데려다 달라"고 울며 부탁했습니다. 나는 '도야마'라는 지명밖에 몰랐지요. 그 남자는 "이제부터 귀국하니까 오사카라면 데려다주겠다"고 해서 그 트럭에 탔습니다. 오사카는 더 난리였어요. 태극기를 흔들고 만세를 외치면서 많은 사람이 거리를 행진했지요. 나는 인파 속에 있던 젊은 조선인에게 "도야마까지 데려다 달라"고 부탁했습니다. 이 사람을 따라 기차를 타고 후시키에 있던 조선인 집에 갔지요.

그 집에서 잠시 집안일을 도왔어요. 그해 겨울 그 집주인과 아이들, 그리고 형제들이 조선으로 귀국한다고 하여 함께 기차를 타고 오사카로 갔지요. 거기서 80톤 정도의 배를 몰래 빌렸습니다. 배 안에서 내 몸을 생각하니 서글퍼졌습니다. 그러다 현해탄에 몸을 던지려 했는데 들켜버렸습니다.

지금 우리는 비가 오나 눈이 오나 바람이 부나 불편한 몸을 이끌고 매주 수요일 일본대사관 앞에 모입니다. 거기서 우리는 "양심적인 사죄를 하고 배상하라"고 외칩니다.

강덕경 할머니는 1997년 세상을 떠나기 전까지 서울 시내의 병원에서 입원 생활을 했다.

도야마에서 근로정신대로 일할 때도, 도망가다 잡혀서 위안부가 되었을 때도 돈을 받은 적도 없고 본 적도 없습니다. 하지만 돈을 달라는 게 아닙니다. 우리가 희생된 것처럼 같은 일이 두 번 다시 반복되지 않게 하고 싶어요.

귀국한 다음에도 비참한 생활을 해왔지만 이제 여생을 어떻게 보낼 것인가도 걱정입니다.

1992년 8월 22일, 9월 27일, 1995년 6월 10일, 8월 15일,

1996년 1월 10일, 2월 29일 취재

1   1941년 4월 '국민학교령'에 의해 조선에서도 초등교육제도가 변경되었다. 조선인이 다니는 '보통학교'와 일본인이 다니는 '소학교'로 개칭되었다.

2   경상남도 진주와 마산에서 '후지코시富士越'로 가는 최초의 '여자근로정신대'는 1944년 6월이기 때문에 1944년의 잘못으로 여겨진다.

3   경상남도 청사. 한국전쟁 시기에는 임시 수도 청사로 사용되었다. 현재는 동아대학 박물관이다.

4   아시아태평양전쟁 중 일본의 군수공장에서 노동력 부족을 보충하기 위해 조선에서 동원한 '반도여성근로정신대'를 말한다. '미쓰비시중공업' '후지코시' '도쿄아사이토東京系紡적' 등에서 일한 여성들은 사죄와 보상을 요구하며 일본에서 재판을 제기했다.

5   시모노세키와 부산을 오가는 '관부연락선'을 말한다.

6   별 세 개면 상등병이고, 금줄이 들어 있으면 조장이다.

7   경찰권을 행사할 수 있는 군인. 고바야시는 헌병이 아니라 보조 헌병일 가능성이 높다.

8   당시 나가노長野현 하니시나埴科군 마쓰시로마치라고 여겨진다. 이 산속에는 육해군의 최고사령부인 '대본영'과 '황궁', 정부기관, NHK 등을 이전하는 공사가 1944년 11월부터 시작되었다. 계획된 지하호의 길이는 약 13킬로미터로 강제 동원 등으로 끌려온 조선인 6,000~7,000명과 일본인 약 3,500명이 공사에 동원되었다. 이를 지휘하던 군인과 민간인을 위해 민가 건물을 빌려 위안소 여러 개를 설치했다.

리복녀

李福汝

군인은 그녀의 머리를 잘라 끓는 물에 넣었고,
그것을 마시라고 강요했습니다

1919년 4월 18일 출생
함경북도에서 생활
1993년 사망

나는 네 자매 중 장녀로 동생이 세 명 있었어요. 부모님은 우리를 남긴 채 돌아가셨습니다. 젖먹이 막내 동생도 어머니 뒤를 이어 죽었습니다.

집도 없었어요. 비바람을 피해 다리 밑에 살면서 동냥을 하거나 농가의 일손을 도우며 동생들을 키웠습니다.

열일곱 살이던 여름 나와 동생들이 사는 오두막에 순사인지 군인인지 알 수 없는 일본인 남자 두 명이 나타났어요. 그들은 내 머리채를 낚아채더니 집어 던지듯 큰 트럭에 태웠습니다. 동생들이 "언니 가지마"라고 울부짖어 돌아가려고 했지만, 남자들이 나를 발로 차서 트럭 안으로 집어넣었습니다. 트럭 안에는 어린 소녀부터 열두 살 전후의 어린아이들로 가득했어요. 100명 정도는 되는 것

같았습니다. 남자들은 울부짖는 우리를 차고 때리며 조용히 하라고
했지요.

그들은 우리를 수원역 어느 열차에 태워 중국 다이렌大連까지
끌고 갔습니다. 우리가 열차 밖을 보려고 하면 병사는 "뭘 보고 있
느냐"며 머리채를 끌어당기거나 발로 찼어요. 나는 동생들이 어떻
게 될지도 걱정이었고, 무슨 일이 일어날지도 몰라 불안해서 울기
시작했습니다. 그러자 그들은 나를 다시 때렸어요.

병사들은 가는 길에 하얼빈과 쑹화강 등에서 일부 여자들을
열차에서 내리게 했습니다. 나는 도네현에서 내렸어요. 20명 정도
의 여자들과 함께 푸차골로 끌려갔지요. 푸차골에 도착하자 장교
는 "천황과 군의 명령이다. 말을 듣지 않으면 죽여 버리겠다"고 말
했어요.

나는 5호실에 들어갔습니다. 도착한 다음 날부터 강간당했어요.
방 이쪽저쪽에서 비명이 들렸지요. 그때부터 하루에 적어도 30명 정
도의 일본군을 상대해야만 했습니다.

어느 날 여자 두 명이 병사를 상대하는 걸 거부했어요. 두 여
자는 두 팔이 묶인 채 정원으로 끌려나왔습니다. 병사들은 우리를
불러 모으더니 두 여자를 높은 나무에 매달았어요. 그들은 병사들
에게 "개 같은 너희들의 말 따위는 듣지 않겠다"고 외쳤습니다. 그
러자 놈들은 칼로 여자들의 유방을 도려냈어요. 피가 솟구쳤습니

다. 너무나 잔인해 나는 기절했지요. 병사들은 여자들의 머리를 잘라 끓는 물에 넣었습니다. 그리고 그것을 우리에게 마시라고 강요했습니다. 거부하면 우리도 죽일 지도 모른다는 생각에 어쩔 수 없이 마셨습니다.

위안소의 규모는 20명 정도도 유지되었습니다. 병으로 죽거나 도망가다 실패해서 죽으면 새로운 여자들로 보충되었어요.

나도 몇 번 도망치려다 잡혔습니다. 나를 판자에 묶어놓고 수십 명의 병사가 덮쳤어요. 내가 도망가지 못하게 발의 신경을 끊어버렸습니다. 그리고 다른 부대로 이동했는데, 사막에 있는 천막에 들어갔어요. 나는 철조망 아래를 뚫고 도망치려다 잡혔지요. 철조망에 방울이 붙어 있었다는 것을 몰랐기 때문입니다.

병사들은 빨갛게 달군 철봉과 징 같은 철판을 가지고 내 엉덩이를 지졌어요. 이때 입은 화상 때문에 지금도 걷기가 힘듭니다. 아파도 누울 수가 없지요.

놈들이 한 번은 우리가 먹는 음식에 독약을 넣었습니다.[1] 나는 화상 때문에 빨리 걸을 수 없었어요. 남들보다 늦게 밥을 먹으러 갔는데, 먼저 밥을 먹은 여자들이 이미 죽어 있었어요. 나는 도망쳤습니다. 마을 중국인이 나를 숨겨주었습니다. 나는 이곳 위안소에 8년 동안 있었습니다.

몸에 있는 화상을 봐주세요. 아무것도 할 수 없는 상태입니다.

1947년에 귀국했지만, 고향에는 돌아갈 수 없었습니다. 아이도 낳지 못했어요.

1992년 8월 12일 취재

1　전황이 악화되면서 부대가 철수할 때 위안소에 있었던 여자들을 '처리'하려고 했던 것으로 여겨진다. 필리핀 등 격전지에서는 많은 피해 여성들이 집단 학살되었다.

김학순
金學順

한국과 일본의 젊은이들에게 이 사실을 가르쳐야 합니다

1924년 10월 20일 출생
서울에서 생활
1997년 12월 16일 사망

아버지는 독립운동을 하고 있었기 때문에 조선에서 살 수 없었어요. 그래서 만주로 갔지요. 그곳에서 아버지는 어머니와 만났고, 길림성에서 내가 태어났습니다. 하지만 내가 백일잔치를 치르기도 전에 아버지는 돌아가셨습니다. 원인은 모릅니다.

만주에서 어린 자식을 데리고 여자 혼자서 생활할 수는 없었지요. 아버지도 돌아가셨기 때문에 조선에 돌아가도 문제가 없을거라 생각한 어머니는 나를 업고 아버지의 고향인 평양으로 돌아왔습니다. 내가 두 살 때예요.

내가 보통학교[1]를 졸업하던 열두 살 때 어머니는 생선 소매상을 하던 함 씨라는 사람과 재혼을 했습니다. 그는 스물네 살의 아들과 열일곱 살의 딸이 있었어요. 나는 그를 '아버지'라 부르고 싶지 않았습니다. 함께 생활하는 것도 싫었지요.

'어머니를 뺏어갔다'고 생각했어요. 집에 있고 싶지 않았지요. 몇 번이나 가출하기도 했습니다.

이런 이유도 있고 어머니가 원하기도 했기 때문에 열네 살 때 기생이 되려고 평양의 유명한 기생학교인 '기생권번학교²'에 입학했어요. 여기서 춤과 노래, 장구와 가야금 등의 악기, 서예에서 도덕까지 공부했습니다. 수백 명의 학생이 있었는데, 나는 3년간 다닌 다음 8~9명의 학생과 함께 졸업장을 받았지요.

이 학교에서 공부하기 위해서는 많은 돈이 필요했어요. 이 때문에 나는 김태원이라는 사람의 양녀가 되어 돈을 받았지요. 그 사람에게는 나와 같은 양녀가 2~3명 더 있었습니다.

졸업한 해에 나는 양아버지와 나보다 한 살 많은 그의 딸과 함께 중국으로 갔어요. 양아버지는 딸 둘을 데리고 돈을 벌려고 작정했지요. 중국에 도착하자마자 일본군 장교와 병사가 우리를 둘러쌌어요. 양아버지를 땅바닥에 끌어 앉히고 일본도로 위협을 했습니다. 그를 죽일 듯했어요. 장교는 "여자들을 데리고 가"라고 병사에게 명령했습니다. 이후 양아버지가 어떻게 되었는지 모릅니다.

우리는 화북지방의 후어루獲鹿현 철벽진鉄壁鎮에 있는 부대로 끌려갔어요. 그곳은 최전선이었지요. 끌려가는 도중에도 누군가 "습격이다!" 소리치면 트럭 아래로 숨어야 했습니다. 총알이 머리 위로 스쳐가기도 했어요.

그들은 우리를 부대 근처에 있는 어떤 집에 가두었습니다. 원래는 중국인이 살고 있었던 집이었는데, 일본군이 오자 도망가서 빈집이었지요. 그곳에는 이미 세 명의 조선인 여성들이 있었는데, 우리를 포함해서 모두 다섯 명이 되었어요. 병사는 우리에게 일본식 이름을 붙였습니다. 나는 '아이코'가 되었어요. '에이코'는 열여덟 살, '사다코' '미야코'는 열아홉 살, '시즈에'는 스물두 살이었습니다.

여기서 병사들은 우리에게 야수처럼 달려들었고, 나는 정조를 잃었어요. 내가 방에서 나와 도망가려고 하는데 "말을 듣지 않으면 죽여 버리겠다"는 말이 들렸습니다. "이런 상황에서 살아서 뭐하느냐"는 생각이 들자 죽을 수밖에 없다고 생각했습니다.

위안소에는 커다란 방을 천으로 칸을 나눈 다음 작은 침대를 두었어요. 입구에는 소독약이 있어서 병사가 들어와서 손을 씻었습니다. 콘돔은 병사가 가지고 왔지요. 주 1회 군의관이 와서 우리를 검사했습니다. 돈 같은 것은 받은 적이 없어요. 3일에 한 번 병사들의 외출 날에는 10~15명을 상대해야 했습니다. 그때는 밤낮을 가리지 않고 왔어요. 그때 일을 생각하면 머리가 멍해져요.

다섯 명 가운데 내가 제일 어렸습니다. 저는 병사가 말하는 것을 알아듣지 못했어요. 이 때문에 병사들은 나에게 "조센징 새끼"라고 욕하며 주먹으로 때리거나 발로 찼습니다. 나는 어떻게 하면

김학순 할머니를 처음 만난 것은 1991년 10월 21일. 김학순 할머니는 인터뷰를 끝내자
표정이 부드러워졌다.

기억하겠습니다

이곳에서 도망칠 수 있을까만 궁리했어요. 두 번 도망치려고 했습니다. 그때마다 병사에게 발각되어 잡혔고, 구타당했지요. 최전선이라 도망갈 수도 없었어요.

국민당군[3]이 야간에 부대를 습격했습니다. 병사들이 스파이로 잡힌 두 명의 중국인을 죽이는 것을 본 적도 있어요. 눈을 가리고 두 손을 뒤로 묶은 다음 일본도로 머리를 내리쳤습니다. 피가 솟구쳤어요. 얼마나 무서웠는지 몰라요. "말을 듣지 않으면 너희도 이렇게 죽는다"며 보여준 거예요. 군인들은 파놓은 구덩이에 시체를 발로 차 넣었지요.

우리는 가까운 곳으로 이동했습니다. 며칠이 지난 뒤 우리가 머물러 있던 집에 조선인 상인이 왔어요. 위안소가 중국인의 집이라고 생각하고 숙박하려고 했던 거지요. 조원찬이라는 사람이었는데, 중국 은화를 모아 장사를 했습니다.

나는 이 사람에게 "나는 이런 곳에서 자포자기하고 있다. 당신도 조선 사람인데 내가 불쌍하지 않으냐? 도와달라"고 매달렸습니다. 이때 마침 병사들의 외출이 없던 때였지요. 다음 날 밤 나는 그를 따라 도망쳤어요. 봄에 도착한 위안소에서 3개월 정도 있다가 가을에 도망친 거예요.

이후 그 남자와 함께 살았습니다. 남경, 서주 등 각지를 전전하다 열아홉 살 때 애를 낳고 상해에 머물게 되었지요. 프랑스조계[4]

안에서 '마쓰이양행'이라는 이름으로 전당포를 했어요. 첫째 딸을 낳고 3년 뒤 아들을 낳았지요.

전쟁이 끝나자 상해에는 장개석이 중경에서 왔고, 이후에 김구 선생이 왔습니다. 1946년 여름 마지막으로 한국으로 귀국하는 '광복군'과 함께 우리 가족 넷 모두 귀국했어요. 4년 동안 상해에서 살았던 거지요. 배 두 척에 탄 3,000명 가운데 민간인은 1,000명 이상이었습니다. 주사를 맞거나 대변 검사 등을 하면서 26일 동안 배를 탔어요.

인천에 도착해서 트럭을 타고 서울에 있는 수용소로 갔어요. 여기서 3개월간 지냈지요. 그사이 딸이 죽었습니다. 남편은 고등학교까지 나온 사람이었지만, 일이 없었기 때문에 시청 청소부로 1년간 일했어요. 이후 군대에 콩나물, 두부, 명태 등 부식을 납품하는 업체에서 일했지요. 하지만 1952년 창고가 무너지는 사고로 죽었습니다.

남편은 술을 마시면 나에게 "넌 위안부 출신이다"며 나를 업신여기거나 "내가 없었으면 넌 죽었다"고 말하곤 했습니다. 나는 남자가 싫어졌습니다. 남편이 죽은 다음에도 재혼하지 않았어요.

이후 동대문시장에서 메리야스 등을 사서 강원도에 가서 팔며 생활했지요. 어느 날 여름방학을 맞은 아들을 강원도 속초에 데리고 갔어요. 아들은 내가 시장을 돌며 물건을 팔고 돈을 받는 사이에 호수에 빠져서 죽었습니다.

이후에는 혼자 살았습니다. 나는 아들이 죽은 다음에 허망한 상태로 전국을 돌며 방황했어요. 서울로 돌아온 것은 1981년이지요.

집 안에서 혼자 꼼짝하지 않고 앉아 옛날을 생각합니다. 신문에서 위안부 문제를 다룬 기사를 읽고 얼마나 눈물을 흘렸는지 몰라요. 강제로 위안부가 되었다는 것을 언제나 가슴에 안고 있었기 때문에 언젠가 이 문제를 일본에 호소해야만 한다고 생각했어요. 죽기 전에 이 체험을 폭로하고 마음의 짐을 털어버리고 싶다는 생각에 이름을 밝히고 증언한 거예요.

나의 인생이 이렇게 된 것은 일본 때문입니다. 일본은 우리에게 보상하고 이 일을 역사에 남겨야 해요. 오늘날 일본과 한국의 젊은 이들은 이러한 일을 알지 못합니다. 그들에게 이 사실을 가르쳐야만 한다고 생각해요.

**1991년 10월 21일, 1992년 6월 1일,
1992년 12월 9일, 1997년 12월 18일 취재**

---

1   1906년부터 1938년까지 조선에 설립한 조선인을 대상으로 한 초등교육기관.
2   조선의 전통적인 예기를 육성하기 위해 1941년 평양에 설립한 학교.
3   '중국국민당'이 조직한 군대. 중국국민당은 반공주의였지만, 1937년 중일전쟁이 시작되자 중국공산당과 함께 일본군에 대항해서 싸웠다.
4   상하이에 설치된 영국인, 미국인, 프랑스인 등의 외국인 거주지역.

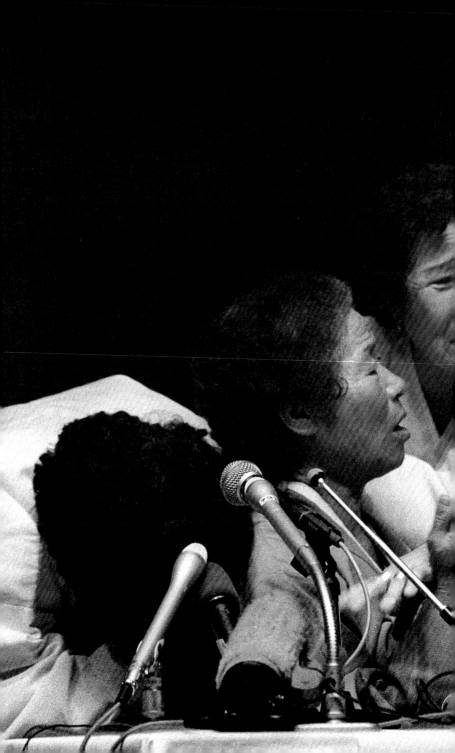

르포르타주

빼앗긴 기억을 찾아

일본군 위안부 심달연 할머니의 강제 동원 현장에서

일본군에게 빼앗긴 기억

1997년 4월 4일. 심달연 할머니(1927년 7월 5일 출생)가 사는 아파트 앞에서 탄 택시는 약 30분 만에 목적지인 경상북도 칠곡군 지천면에 도착했다. 일본군에 의해 성노예(일본군 위안부)가 되었던 심 할머니가 살았던 집과 일본군에게 납치당했던 주변 현장을 확인하러 간 거였다.

그곳은 심달연 할머니가 사는 대구 시내에서 북서쪽으로 약 15 킬로미터. 마음만 먹으면 얼마든지 올 수 있는 거리였다. 하지만 한

심달연 할머니(가운데)가 사는 아파트 앞에 대구 시내에 있는
일본군 위안부 할머니들이 함께했다. 이날 다른 아파트에 사는
김분선 할머니(오른쪽)와 이용수 할머니(왼쪽)도 찾아왔다.

머니에게 이 거리는 한없이 멀기만 했다. 그녀는 예전에 살던 집을 딱 한 번 찾아 나섰지만 그때는 찾을 수 없었다. 글씨를 읽을 수도 없었고, 건강 상태가 좋지도 않았다. 무엇보다도 예전 기억이 뚜렷하지 않았다.

할머니는 대구시가 지은 저소득자 아파트에 살고 있었다. 방 안에 신흥종교의 커다란 불단이 눈에 띄었다. 신자가 된 것은 약 20년 전의 일이었다. 이전까지는 사람이 무서워 집 밖으로 나가지도 못했다. 하지만 그때의 기억은 흐릿하다. 할머니는 위안소에서 받은 가혹한 경험 때문에 과거를 기억하지 못했다. 인간으로서의 존엄뿐 아니라 기억까지 일본군에 의해 빼앗긴 거다.

할머니는 "섬으로 동원되었지만, 그곳이 어디였는지 확신이 없다"고 말했다. 함께 동원된 여자가 말했던 '대만'이 아닐까 싶다. 일본이 패전하면서 위안소에서 해방되었지만, 그때 이미 정신 상태가 악화되었던 할머니는 그곳에서 방랑생활을 시작했다. 우연히 만난 한국인을 따라 귀국해서 수년 동안 그의 가족과 함께 생활했다. 하지만 정신 상태가 온전치 않았기 때문에 할머니는 절에 맡겨졌다.

지금부터 40여 년 전 때마침 그 절을 찾았던 할머니의 바로 아래 동생이 할머니를 발견했다. 동생은 사흘 동안 계속해서 이런저런 질문을 하고 자기의 언니가 분명하다는 결론을 내렸다. 동생은 먼저 세상을 떴지만, 할머니를 만나고 할머니와 20년간 함께 살았다. 처음 10여 년 동안 할머니는 정신 상태가 불안정해서 외출도 하지 못했다. 일본군에게서 옮은 매독으로 자궁에서는 고름이 흘러 나왔고, 다리 관절에는 물이 차서 화장실도 갈 수 없는 형편이었다.

필자는 할머니의 이야기를 듣고 허망했다. 우여곡절 끝에 귀국했지만, 극도의 대인공포증에 시달리면서 심한 매독 후유증에 고통받는 피해 여성이 너무나 많기 때문이다.

현재 할머니는 심한 두통은 잦아들었지만 언제나 머리가 멍하다고 했다. 기억은 조금씩 돌아오고 있었지만 정신 상태가 한결같지는 않았다. 아무것도 떠오르지 않을 때도 있다고 했다.

기억을 상기시킨 옛 집터의 우물

우리는 먼저 할머니가 살았던 집을 찾아보기로 했다. 동원되었을 당시 할머니의 가족은 부모님, 딸 다섯, 아들 둘, 모두 일곱 남매였다. 아버지의 이름은 심차도, 어머니의 이름은 방일분이었다. 내가 심달연 할머니가 납치되었던 현장을 확인하고 싶었던 이유는 그녀뿐 아니라 그녀의 언니도 함께 납치되었기 때문이었다.

그 일이 있었던 것 같은 장소에 도착했다. 지나가던 자동차를 세우고 물어보았다. 민가에 가서도 물어보았다. 할머니가 말해준 지명을 아는 사람은 없었다. 지천면사무소에 가서야 이유를 알 수 있었다. 그녀가 기억하고 있었던 '이언'이라는 지명은 해방 후 '덕산동'

으로 바뀌었다. 이 때문에 젊은이들에게 물어도 몰랐던 것이다.

덕산동에 도착하여 국도 사차선에 닿아 있는 오래된 집에 가보았다. 거기서 할머니가 살았던 장소를 물었다. 집에는 박로인(1921년 출생)이라는 노인이 있었다. 창문 너머로 이야기를 나누었다. 여기서 태어났다고 하는 그에게 할머니에 관해 설명하자 할머니 가족을 알고 있다고 대답했다.

박 씨의 집에서 국도를 따라 북쪽으로 2~3분 정도 걷다 우회전해서 약 20미터 들어가면, 할머니가 가족과 함께 살았을 것으로 추정되는 장소가 나왔다. 집에서 소를 돌보고 있던 할아버지에게 사정을 설명하고 마당으로 들어갔다.

마당 안에는 건물 두 채가 있었다. 한 채는 비교적 새 건물이었다. 심달연 할머니는 낡은 건물도 '본 적이 없다'고 말했다. 할머니를 마당의 한가운데 세워놓고 셔터를 눌렀다. 그런데 갑자기 무언가 떠올랐는지 그녀가 종종걸음으로 마당 안쪽으로 향했다. 마당 한편에 놓인 가마솥 뚜껑을 들어내자 우물이 나타났다. 할머니는 두레박을 내려 물을 길어 올렸다. 그렇게 깊지는 않았다. 할머니는 '이 우물만은 옛날과 변한 게 없다'며 눈물을 글썽였다.

심달연 할머니가 살았던 옛 집터에는 당시에 쓰던 우물이 그대로 남아 있었다.

기억하겠습니다

강제 동원 현장을 발견하다

다음에는 심달연 할머니 자매가 납치되었다고 추정되는 장소로 향했다. 낮 즈음부터 계속 내린 가랑비가 그칠 생각을 안 했다. 국도를 건너 조금 걸으니 개울에 콘크리트로 만든 다리가 놓여 있었다. "옛날에는 작은 다리였다"고 했다. 자기가 살던 집을 확인한 그녀는 망설임 없이 납치 현장을 찾아 나섰다. 싹이 나기 시작한 잡초에서 푸른 융단을 깔아놓은 듯 모내기를 하기 직전의 논이 펼쳐져 있었다. 옛날과 다른 점은 비닐하우스 몇 채가 세워져 있다는 점정도였다. 당시와 같은 위치에 경부선 선로가 있었다. 끊임없이 열차가 왕래하고 있었다. 선로에서 국도 방향으로 30미터 정도 떨어진 곳에서 할머니 자매는 일본군에게 붙잡혔다.

"집 형편이 변변찮아 학교도 못 다녔어요. 식량에 조금 보탬이라도 될까 해서 언니랑 둘이 쑥을 캐고 있었는데, 붉은 완장을 찬 군인이 와서 갑자기 손을 잡더니 넓은 길 쪽으로 끌고 갔지요. 거기에는 덮개가 있는 트럭 한 대가 서 있었고, 군인이 여러 명 있었어요. 트럭이 와 있다는 건 눈치도 못 챘습니다. 저는 태워질 때 저항하다 구두에 심하게 차였어요. 짐칸에는 이미 몇 명의 여자들이 있었습니다."

심달연 할머니는 트럭에 실려 간 다음의 일을 이렇게 진술했다. "우리를 태운 트럭은 여기서 떨어져 있는 학교 정문에 도착했어요.

학교에서 나온 5~6명의 소녀들을 잡아 태웠지요. 나보다도 더 어린 여자아이들이었습니다. 동원되는 도중에는 먹을 것을 거의 주지 않았어요. 어느 날 언니가 다른 곳에 끌려갔다가 돌아와서 엄청 울었지요.

우리는 배를 타고 바다를 건넜습니다. 20명씩 나누어졌어요. 언니와는 서로 다른 집단에 들어가게 되었고, 나는 필사적으로 저항했습니다. 하지만 결국 언니와는 다른 트럭에 타게 되었지요. 이후 언니의 행방은 모릅니다. 지금도 그때 상황은 잊을 수 없어요."

일본군에게 언니를 빼앗긴 일은 심달연 할머니의 마음에 깊은 상처로 남아 있었다.

심달연 할머니는 "일본인을 삶아 먹어도 화가 풀리지 않는다. 언니를 돌려주기만 한다면 일본에 아무것도 바랄 게 없다"고 말했다. 나는 뜻하지 않게 좌불안석이 되었다. 할머니는 무표정하고 담담하게 이야기했지만, 거기에는 일본에 대한 격한 분노가 담겨 있었기 때문이다.

위안소에서의 생활에 대해서는 이렇게 이야기했다.

"도착하고서는 빨래나 음식 만드는 일을 시켰습니다. 며칠 후 많은 군인에게 당했지요. 정신을 차리고 보니 병원이었는데, 바로 위안소로 돌아가야 했습니다. 몸은 2~3년만에 너덜너덜해졌어요. 식사량도 매우 적었지요. 우리를 짓밟은 병사들도 무척이나 말라서

뼈와 가죽만 남은 상태였습니다. 나이 어린 군인들뿐이라 동정심마저 들었어요."

심달연 할머니는 서두르듯 아까 걸었던 길로 돌아가기 시작했다. 옛날부터 이 동네에 사는 할아버지의 집이 다리 건너 현장에서 가장 가까이에 있다는 이야기를 들었기 때문이었다.

두 명의 증인이 나타나다

박우동 씨(1913년 출생)의 집에서 납치 현장까지는 약 200미터. 마당에 묶여 있던 개가 우리를 향해 계속 짖어대고 있었다. 우산을 쓰지 않아 가랑비에 몸이 젖어 추워졌다. 20킬로그램 가까운 촬영 기자재가 한층 무겁게 느껴졌다. 갑자기 찾아온 우리를 방으로 들인 다음 박 씨가 말했다. 이 집에서 태어난 그는 심달연 할머니의 아버지를 기억하고 있었다.

"심차도 씨를 잘 알고 있어요. 딸들이 일본군에게 끌려갔다고 들었지요. 그는 슬픈 표정으로 그 말을 하며 한숨을 쉬었지요. 심차도 씨의 딸들이 동원되고 나서 '끌려간 처자들이 있으니 조심하

심달연 할머니가 살았던 집은 많이 달라져 있었지만, 분위기는 어느 정도 남아 있었다. 심달연 할머니는 그것을 발견할 때마다 눈물을 흘렸다.

라'고 지천면 곳곳에 애기가 퍼졌어요."

　박우동 씨는 심달연 할머니 자매가 납치되었다는 사실을 분명히 기억하고 있었다. 이렇게 빨리 찾을 줄은 몰랐다. 납치 현장 부근에 가면 반드시 보거나 들은 사람이 있을 것이라는 나의 예상이 들어맞았다. 심달연 할머니는 증언해 준 박우동 씨에게 몇 번이고 고맙다는 인사를 하면서 잡은 손을 놓지 않았다.

　할머니의 집을 알려주었던 박로인 씨를 다시 찾아가보기로 했다. 할머니 자매에 대해서 더 알고 있지도 모른다는 생각 때문이었다. 마당에서 불렀더니 그가 기다렸다는 듯이 우리를 집 안으로 들였다. 우리가 아까 물었던 데 대해 "귀찮아서 처음에는 모른다고 하려다가 위안부에 대한 것이라 이야기하겠다"고 했다. 그녀는 군속으로 끌려갔던 오키나와에서 조선인 위안부들을 보았기 때문에 일본군 위안부 여성들의 괴로움을 잘 알고 있었다. 우리가 심달연 할머니의 집을 찾아 떠난 다음에, 자신이 아는 것을 말해주려고 우리 뒤를 따라가려고 했다고 말했다.

　"심차도 씨가 '딸들이 갑자기 없어졌는데, 일본에 끌려간 것 같

납치 현장 근처에 살고 있던 박우동 씨 /위
예전 심달연 할머니가 살았던 집 근처에 사는 박로인 씨 /아래

다'라는 말을 했어요. 제가 오키나와에 1942년에 갔으니까 1년 전쯤 들은 이야기입니다. 그때 끌려간 누나와 누나의 집에서 같이 놀았던 기억도 있어요. 란옥 씨는 예쁘고 노래를 잘 불렀지요."

심 할머니 언니의 이름이 '란옥'이라는 것도 알게 되었다. 심 할머니는 늘 언니를 생각했지만 이름이 기억나지 않았다. 이제서야 언니의 이름을 알게 된 것이다.

박로인 씨는 "지천면에서 끌려간 처자는 심 씨 자매밖에 모르는데, 이웃 동명면에서도 끌려간 사람이 있다고 들었다"라고 기억했다. 이 사람이 누구인지 나는 바로 알 수 있었다. 친구와 놀다가 4명의 일본군에게 붙잡혀서 필리핀으로 끌려간 김분선 할머니였다. 김분선 할머니는 오늘도 아침부터 심달연 할머니의 집에 와서 우리가 택시로 출발하기 전까지 함께 있었다.

강제 동원을 부정하는 일본인을 죽이고 싶다

우리가 대구 시내로 돌아왔을 때는 완전히 어두워져 있었다. 아직 비는 계속 내리고 있었다. 식당에 들어가서 온돌 바닥이지만 조금이라도 따뜻해 보이는 곳에 자리를 잡았다.

"옛날 장소를 찾아내서 굉장히 기분이 좋아요. 심지어 나를 아는 사람을 만나게 되어 기쁩니다. 고마워요."

심달연 할머니는 안도의 표정을 지었다. 일본군에게 빼앗겼던 중요한 과거의 기억들을 되찾았기 때문이었다. 이번 취재를 통해 나는 확신했다. 다른 강제 동원 피해 여성들의 경우도 현장을 함께 찾아가 조사하면 그녀들의 이야기를 뒷받침해 줄 증인이 반드시 나타날 것이라고.

경상북도 의성군 의성읍에서 징병되었다가 히로시마 '8876부대'에서 피폭을 당한 김승준 씨는 자기 마을에서 여성이 동원되는 것을 목격했다.

"1943년 입대 전 읍사무소 서기들이 마을에 살고 있던 여성을 끌고 가는 모습을 본 적이 있습니다. 끌려가는 여성 뒤를 가족들이 울며 따라갔지요. 해방 후 내가 고향으로 돌아왔을 때 그 여성도 돌아와 있었어요. 주민들은 그녀를 '팔라우'라고 불렀습니다. 동원된 곳이 팔라우였기 때문이지요."

김승준 씨는 몇 번이나 "일본까지 달려가서라도 여성들의 강제 동원을 부정하고 있는 일본인들을 죽여 버리고 싶다"고 말했다. 일본이 노동자, 병사, 위안부 등으로 강제 동원한 사람들, 이 때문에 귀국 후에도 고통에 시달려온 사람들에게 역사적 사실을 왜곡하고 있는 '자유주의사관' 그룹의 언행은 결코 용서할 수 없는 일이다.

《주간금요일週刊金曜日》 1997년 5월 16일자

- 심달연 할머니는 2010년 12월 5일에 향년 83세로 세상을 떠났다.

- 이 취재는 일본군과 관헌이 일본군 성노예 피해자를 동원한 증거가 없다는 자유주의사관 그룹의 주장을 반박하기 위해 이루어졌다. 일본군에 의해 납치된 피해 여성이 실제로 있었다는 것을 현장 동행 취재를 통해서 입증했다. 영문으로 된 기사 〈In Search of Lost Memory〉는 http://www.Jca.apc.org/~earth/sub11.htm 에서 읽을 수 있다.

일본에 대한 한, 전쟁에 대한 한

위안부였음을 부끄럽다고 생각하지 않는디

심미자 할머니가 사는 곳은 서울 남쪽에 자리한 경기도 성남시. 언덕과 굴곡이 심한 지형에 고층 아파트가 줄줄이 자리 잡고 있다. 내가 처음 심미자 할머니의 집을 방문했을 때는 1992년 4월 21일. 아침부터 비가 내려 낡은 단층집 안은 썰렁했고 냉기가 올라왔다. 나는 할머니를 만나기 전에 일본군의 성노예(일본군 위안부)가 되었던 두 명의 여성을 취재한 적이 있었다. 필자에 대한 심미자 할머니의 태도는 그들과는 사뭇 달랐다. 1991년 10월 서울에서 '한국정신대문제대책협의회(이하 정대협)'의 소개로 김학순 할머니의 이야기

심미자 할머니는 귀국한 뒤에 자수를 해서 생활을 꾸려왔다.
집에 찾아갈 때마다 새로 만든 것을 자랑스럽게 보여주었다.

를 들었다. 그해 12월에는 대구에서 미얀마에 있는 위안소로 동원되었던 문옥주 할머니를 만났다. 그녀는 일본군에게서 받았던 잔혹했던 경험을 차분하게 들려주었다.

하지만 심미자 할머니는 자신의 경험을 조금 이야기한 다음 반드시 심각한 어투로 "지금 이야기를 어떻게 생각느냐"고 필자에게 물었다. 이에 답하지 못하면 다음으로 넘어갈 수가 없었다. 대화는 이런 방식으로 반복되었다. 내가 심미자 할머니를 취재하고 있는 것이 아니라 할머니가 일본이 조선에게 자행했던 사실에 대한 나의 인식을 심문하는 모양새였다.

심미자 할머니는 분명 일본인에 대한 불신을 갖고 나를 강하게 경계하고 있었다. 일본인을 말할 때 '일본 사람'이라 하지 않고, 일본인을 경멸하는 '쪽바리'라는 단어를 주로 사용했다. 심미자 할머니가 자신을 피해 여성이라 밝힌 이후 일본인에게 자신의 체험을 이야기하는 것은 이날이 처음이었다.

심미자 할머니와의 날선 만남을 통해 피해 할머니들이 안고 있는 가늠하기 힘든 일본을 향한 깊은 분노와 한을 새삼 통감했다. 결국 이날은 충분한 이야기를 듣지도 못한 채 날이 저물었다. 가랑비가 내리는 가운데 험한 표정을 짓고 있는 심 할머니 사진을 집 앞에서 몇 장 찍고 도망치듯 호텔로 돌아왔다.

싸움과 동요

1991년 10월 어느 날, 심미자 할머니는 평소처럼 라디오를 켜놓고 자수를 하고 있었다. 심 할머니에게 자수는 꺼림칙한 과거를 떠올리게 했다. 하지만 생계를 꾸려가기 위해서는 할 수 없는 노릇이었다. 할머니는 라디오에서 흘러나오는 뉴스를 듣다가 깜짝 놀랐다.

'종군위안부는 민간업자가 데리고 간 것이지 일본군은 관여하지 않았다고 일본 정부가 주장하고 있다'는 내용의 뉴스였다.

"나는 일본 경찰관에게 끌려갔다. 일본군 부대에서 병사들을 상대해야만 했다. 이런 거짓말은 용서할 수 없다!"

화가 난 심미자 할머니는 바로 방송국에 전화를 걸었다. 이때부터 할머니의 긴 싸움이 시작되었다.

일본군에 의해 성노예가 된 여성들에 대한 취재는 내가 일본인이라는 것, 그리고 남성이라는 것이 민감한 걸림돌이 되었다.

스스로 가담하지 않았지만 일본이 저지른 가해에 대한 책임에서 나는 자유로울 수 없었다. 심미자 할머니의 취재를 통해 이를 깨닫게 된 나는 피해 할머니들이 어떤 반응을 보이더라도 똑바로 마주하리라 마음먹었다.

이후 나는 빈번하게 한국으로 건너가 피해 할머니들을 차례로 방문했다. 집회나 시위 장소에는 언제나 심미자 할머니의 모습이 보였다. 카메라를 들이대면 "또 찍어대느냐"며 매번 싫은 내색을 했다.

시간이 흐르면서 이런 할머니를 자유롭게 취재를 할 수 있게 되었다. 시골에 사는 다른 피해 할머니의 집까지 안내해줬을 때는 무척이나 기뻐했다. 조금이나마 심미자 할머니에게 신용을 얻게 된 거다.

"나는 일본군 위안부였다는 것을 부끄럽다고 생각하지 않습니다. 그렇게 만든 일본이 나쁘지 나는 아무것도 잘못한 것이 없거든요."

이 말을 몇 번이나 심미자 할머니에게서 들었다. 나는 할머니 사진을 내가 쓴 책의 표지에 사용하기도 했다.[1] 수많은 붉은 장미가 수놓인 병풍을 배경으로 빨갛고 하얀 한복을 입고 평온한 표정을 짓고 있는 심미자 할머니의 모습을 촬영했다. 죽을 때까지 벗어날 수 없는 피해의 상처를 짊어지고도 적극적으로 살아가고 있는 할머니의 모습을 한껏 우아하게 담고 싶었다.

1992년 5월 정대협은 성노예 피해자 16명을 모았다. 그리고 정대협 산하 단체인 '무궁화 자매회'의 결성을 제안했다. 투표를 통해 심미자 할머니가 회장, 김학순 할머니가 총무로 선출되었다. 이 모임에는 최종적으로 61명이 참여했다. 심미자 할머니는 운동의 선두에 서서 정력적으로 활동했다. 재판이나 증언 집회를 위해 일본에 건너간 횟수도 수십 회에 달했다.

심미자 할머니는 '국민기금 반대 운동[2]'의 최선봉에 있었다. 서울에 있는 일본대사관 앞에서 열리는 수요시위에서 마이크를 잡고

심미자 할머니는 "우리의 피해 사실을 일본 교과서에 실어라"며 다른 할머니들과 함께
일본을 향해 항의했다.

기억하겠습니다

"일본 민간이 모은 돈을 받으면 몸을 판 것이나 마찬가지다"라고 주장했다. 일본 정부가 아니라 민간인이 낸 돈을 받으면 몸을 팔고 돈을 받는 '창부'와 같아진다는 의미였다.

하지만 일본 내에서도 심미자 할머니를 비난하는 소리가 내 귀에도 가끔씩 들려왔다. 정대협과 갈등을 빚고 있고 '국민기금'을 받으려 한다는 내용이었다. 무궁화 자매회가 활동을 시작한 지 1년 정도 지나면서 정대협과 의견 대립이 생겼다. 1994년 5월경 심 할머니와 김학순 할머니가 모임을 그만두겠다고 선언했다. 무궁화 자매회는 활동을 중지했다. 대신 정대협과 결별한 심미자 할머니가 중심이 되어 '무궁화 친목회'를 조직했다.

'무궁화 친목회'에는 33명의 할머니가 참가했다. 그중에서 국민기금에서 보상금을 받았다고 밝혀진 10명도 포함되어 있었다. 국민기금은 할머니들이 보상금을 받도록 노력했다. 국민기금의 사무국과 임원들뿐 아니라 국민기금의 지지자를 통해서도 집요하게 할머니들을 설득했다.

한밤중에 심미자 할머니의 전화가 걸려왔다. 할머니는 이른 시간에 잠자리에 드는지라 이런 일은 이제까지 없었다. 심미자 할머니는 나에게 "돈을 받을까 한다"고 했다. 그렇게 확고했던 심 할머니의 마음이 흔들리고 있는 것에 놀랐다. 주변의 할머니들이 차례로 보상금을 받는 쪽으로 기울어지고 있었다. 보상금을 받은 할머니들이 보상금을 받으라고 하는 것을 듣는 것이 괴로운 모양이었다.

나는 "일본이 보상금을 내는 것에 절대 반대이지만 그것을 받을지 말지는 할머니들 스스로가 판단해야 할 문제"라는 의견을 할머니께 전달했다.

무라야마 도미이치 정권이 배상 대신 보상금이라는 방안을 제안했을 때 필자는 배상을 요구하며 강력하게 운동해온 할머니들에게 큰 혼란을 가져올 것으로 판단했다. 결과는 역시 그러했다. 할머니들 사이에서 반목과 분열이 생겼다. 할머니들과 일본 시민단체 사이에 균열이 생겼다. 보상금을 받은 할머니 한 분은 "지금까지 일본에서 많은 사람이 찾아와주었는데, 돈을 받은 다음부터는 찾아오는 사람이 아무도 없다. 그게 슬퍼서 견딜 수가 없다"며 흐느꼈다.

한국에서 보상금의 지급 사업은 2002년 5월 1일 종료했다.[3] 결국 약 30명의 할머니가 보상금을 수령했다. 주변의 설득에도 불구하고 심미자 할머니는 돈 받기를 거부했다. 원칙을 지키는 삶을 마지막까지 지켜나갔다.

독립운동에 자금을 원조하다

심미자 할머니가 걸어왔던 삶에 대해서는 수십 번의 만남을 통해 모두 들었다고 생각했다. 그런데 2001년 4월에 자택을 방문했을 때 할머니는 내가 모르던 과거를 들려주었다.

《시대인물》이라는 월간지 1990년 5월 호에 〈굴욕과 절망의 인생을 극복하고 나라의 독립을 빌며 살아온 심미자 씨〉라는 5쪽짜리 기사가 게재되었다. 이 기사에서 심미자 할머니는 일본군의 성노예였다는 사실을 밝혔다.

한국에서 일본군 성노예가 된 사실을 스스로 밝힌 최초의 인물은 김학순 할머니라고 알려져 있다. 김학순 할머니가 증언한 것이 1991년 8월이므로 심미자 할머니가 더 앞선 게 된다. 기사가 나온 시기가 정대협이 결성된 1990년 11월보다 이전이라 이 중요한 사실에 관심을 두지 않았던 듯하다.

이외에도 이 기사에는 놀라운 사실이 담겨 있었다. 심미자 할머니는 일본 각지에서 위안부로 살아야만 했던 시절, 일본에서 활동하고 있었던 독립운동가에게 자금 원조를 계속했다고 한다.

심미자 할머니가 처음 있었던 후쿠오카의 부대에 설법을 전하기 위해 조선인 승려가 찾아왔다. "독립운동을 도와달라. 그러면 당신도 고향에 빨리 돌아갈 수 있을 거다"라는 이야기는 할머니의 마음을 움직였다.

"알려지면 죽임을 당할 거라 생각했지만 어머니를 만나고 싶어 돕기로 했습니다. 졸음을 참아가며 한밤중에 털실로 일본식 복대 하라마키腹巻를 짜서 병사들에게 팔아 돈을 모았어요."

기사만으로는 그대로 믿을 수는 없는 이야기였다. 심미자 할머니는 생각에 잠겨 있는 내 앞에 서류를 잔뜩 펼쳤다.

후쿠오카와 오키나와의 부대에서 할머니는 조선인 군무원들과 친해졌다. 할머니가 벌어모은 돈을 그들이 독립운동가에게 전달했다. 1945년 8월 해방 뒤에 일본에 남아 있던 한국인 세 명이 심미자 할머니를 독립유공자로 인정받게 하기 위해 1988년 한국 정부의 국가보훈처에 신청 절차를 밟았다. 신청이 너무 늦었다는 이유로 인정받지는 못했지만, '대한민국 거류민단 시가현 지방본부'의 공인이 찍힌 문서를 비롯한 신청 서류와 국가보훈처에서 보낸 서류를 할머니는 소중하게 보관하고 있었다.

1991년 이름을 밝히고 처음 증언한 이후 심미자 할머니는 이 사실을 아무에게도 이야기한 적이 없다고 했다. 나는 "왜 이렇게나 중요한 사실을 밝히지 않고 잠자코 있었느냐" 물었다. 심 할머니는 "이런 사실은 어찌되든 좋다"고 했다. 어떻게 이리도 욕심 없는 사람인가 싶어 어처구니가 없었다. 위안부로 지내며 독립운동에 공헌하고 피해 여성으로서 한국에서 처음으로 증언했다고 하면 한국에서는 영웅이 아닌가. 심미자 할머니에게 많은 사람이 알아주었으면 하는 자신의 과거는 일본군에게 받은 피해이지 자신의 자랑거리가 아니었다.

피해자로서의 과거 청산

"내가 죽으면 와줄 거냐"고 심미자 할머니가 물은 적이 있었다. 1997년 12월 16일에 돌아가신 김학순 할머니의 장례식 때였다.

심미자 할머니처럼 일본군에게 피해를 보았지만 이름을 밝히고 증언하며 일본 정부와 함께 싸우기도 했고 때론 즐거운 시간을 보냈던 할머니의 동지들이 하나둘 세상을 떠났다. 심 할머니는 다음은 자신의 차례일지도 모른다고 생각하는 듯했다.

장례식 중간부터 심미자 할머니는 아픈 표정을 짓기 시작했다. 심장 고동이 비정상적으로 격해졌다. 병원으로 간 할머니는 그대로 입원해야 했다.

한국 정부의 지원으로 할머니들의 생활은 크게 개선되었다. 어둡고 좁은 움막 같은 방에서 사는 사람은 없어졌다. 하지만 일본 정부는 피해 할머니들이 요구하는 사죄는 하지 않고, 배상은 굳게 거부하고 있다. 평생의 한을 풀지 못한 채로 할머니들은 하나둘 마지막을 맞이하고 있었다.

심미자 할머니는 결혼을 하지 않았다. "성병 치료 주사를 너무 많이 맞아 결혼해도 아이는 못 낳을 거라"고 했다. 하지만 심 할머니에게는 '아이'가 있었다.

"위안소에서 쓰시마 출신의 스즈키라고 하는 헌병 대위를 알게 되었지요. 그는 일본어를 읽고 쓸 수 있는 나에게 성병에 걸린

병사들에게 주사 놓는 일 같은 것을 해달라고 부탁했어요. 해방 후 나는 후쿠오카에서 운동화 바닥에 고무를 붙이는 공장에 다니고 있었습니다. 그때 스즈키가 네 살 된 여자아이를 데리고 왔어요. 그는 성병을 치료하라며 돈을 주었고, 판잣집도 사줬습니다. 스즈키의 첩이 낳은 아이를 나에게 키워달라고 부탁하기 위해서였지요. 나는 귀국할 때 여덟 살이 된 그 아이를 한국으로 데리고 왔습니다."

심미자 할머니가 한국에 데리고 온 여자아이는 전혀 몰랐던 한국어도 금방 배웠다. 자신의 출생에 대해 알지도 못한 채 '한국인'으로 자라서 결혼했고 두 아이를 낳았다. 할머니는 일본에 사죄와 배상을 요구하는 운동의 선두에 서 있었다. 한국의 신문이나 텔레비전에도 자주 등장하였다. 일본에도 자주 갔다. 하지만 딸과 손자에게는 아무 이야기도 하지 않았다.

1999년 5월, 필자를 주인공으로 하는 다큐멘터리[4] 촬영을 위해 방송사 스태프와 함께 오랜만에 심미자 할머니의 집을 찾았다.

점심시간이 되자 현장에 있던 손자를 포함하여 모두가 심미자 할머니와 함께 식당으로 향했다. 식사가 끝날 무렵 할머니는 갑자기 자신의 과거를 손자에게 말하기 시작했다. 일본군의 성노예가 되었던 사실과 딸과는 피가 섞이지 않았다는 사실을. 손자가 받은 충격이 그대로 얼굴에 드러났다.

심미자 할머니는 "딸에게 숨겼던 과거를 고백한 것과 무관하다"고 했지만, 근처에 살던
딸은 가족과 함께 부산으로 이사갔다.

필자는 방송국과 함께 할머니를 방문한 일이 할머니의 고백에 영향을 주었다고 생각한다. "왜 이런 장소에서 손자에게 진실을 털어놓았느냐"고 물었다.

할머니는 "내 딸과 손자의 비밀을, 내 이야기를 알고 있는 사람과 함께 있을 때 고백하고 싶었다"라고 대답했다. 심 할머니는 손자에게 사실을 털어놓기 위해 내가 찾아올 때를 준비하고 기다리고 있었던 것이다.

그리고 두 달 후 심 할머니는 딸에게도 같은 이야기를 해주었다. 딸은 놀라서 "왜 이제 와서 이런 애기를 하는 것이냐? 마지막까지 숨겼으면 좋았을 거다"며 화를 냈다고 했다.

"듣고 싶지 않아도 자신의 출생에 대해서는 알고 있어야 한다. 딸에게 사실을 털어놓은 것을 후회하지 않는다"라고 할머니는 딱 잘라 이야기했다. 과거를 제대로 청산하고 죽음을 맞이하려는 심미자 할머니는 반드시 과거를 털어놓아야만 했다.

사실 심미자 할머니가 키운 아이들은 두 명이 더 있다. 귀국하고 얼마 되지 않을 무렵 이웃에 살던 부부가 이혼하면서 아이를 고아원에 보내려고 했다. 할머니는 생후 6개월이 된 그 남자아이를 양자로 들여 대학을 보내고 결혼할 때까지 보살펴 주었다.

다른 한 명은 부모에게 버림받았던 여자아이였다. 일본에서 데리고 온 아홉 살 된 딸이 길에서 울고 있던 다섯 살 된 여자아이를 집에 데리고 왔다. 심 할머니는 그 아이를 열아홉 살에 결혼할 때까지 키웠다. 자신이 낳지도 않은 세 명의 아이를 길러낸 것이다. 이 일로 1999년 성남시의 표창도 받았다.

"나에게는 큰 목표가 있으니 재산은 줄 수 없다"고 심미자 할머니는 아이들에게 선언했다. 할머니는 몇 년 전부터 필자에게 "역사자료관을 만들 테니 그때 협조해달라"는 이야기를 했다. 자신과 관련된 내용도 있지만, 일본이 행한 아시아 침략의 전체상을 알 수 있는 자료관으로 만들고 싶다고 했다. 심미자 할머니는 전 재산을 이 자료관의 건설에 쏟았다. 살고 있었던 아파트도 모두 팔았다.

"내 생각은 변함이 없어요. 처음 증언한 뒤 10년 가까이 일본에 돈을 요구해왔습니다. 언제 죽을지 모르는 나이가 되었고, 돈은 이제 필요 없어요. 전쟁이 일어나면 여자들은 희생돼요. 무엇보다 일본과 한국의 아이들에게 제대로 된 역사 교육을 해주기 바랍니다."

심 할머니는 자신의 인생을 되돌아보며 "무척이나 열심히 살았다"고 말했다. 나는 역사자료관의 건설이 열심히 살아온 심미자 할머니가 일생의 마지막에 의미를 갖고 할 수 있는 일이라고 생각했다.

"이제 10년이 됐다"라고 심 할머니가 말했다. 내가 심 할머니의 집을 처음 찾아가고 흐른 세월을 말하는 거였다. 나는 오랜만에 심 할머니의 얼굴을 찍고 싶었다. 파인더에 가득히 담긴 심 할머니의 얼굴에는 실로 온화하고 밝은 미소가 피어나고 있었다.

《주간금요일》 2002년 10월 11월자

- 심미자 할머니는 2008년 2월 27일에 향년 84세로 세상을 떠났습니다.

---

1   《証言從軍慰安婦·女子勤勞挺身隊》(風媒社, 1992)의 표지 사진이다.
2   1992년 5월 국민기금에 반대하는 여론의 영향으로 한국 정부는 기금이 지급하는 보상금을 대체하는 지원금을 할머니들에게 지급했다.
3   국민기금은 민간에서 약 5억 6500만 엔을 모금하여, 필리핀, 한국, 대만의 성노예 피해자 285명에게 보상금을 지급하는 등의 사업을 시행했다.
4   도카이東海TV에서 제작하여 1999년 9월 방송된〈長い時間の果てに〉.

북한에 있는 성노예 피해자들

가늠할 수 없는 고뇌 끝에서 토해낸 과거

처음으로 증언한 이경생 할머니

북한에서 일본의 지배로 피해를 본 많은 사람을 취재했다. 그 중에서도 내가 가장 충격을 받은 것은 일본군에 의해 성노예가 된 여성들이었다. 그녀들의 온몸에는 똑바로 바라볼 수 없을 정도로 심한 상처가 남아 있었고, 마음에도 깊은 상처가 있었다.

"일본의 가혹한 지배에서 조국이 해방되었다. 하지만 피해자의 과거는 어떤 일이 있더라도 남편이 모르게 계속 숨겨야만 했다"고 말한 여성들이 일본군에 의해 성노예가 된 과거를 차례로 밝혔다. 그들이 결단을 내렸을 때는 가늠할 수 없을 정도의 고뇌와 용기가 필요했을 것이다.

1991년 8월 14일 한국의 김학순 할머니가 이름을 밝히고 일본군에게 당한 체험을 기자회견을 통해 말했다. 이 순간 어둠 속에 묻혀 있던 일본군의 '종군위안부 제도'라는 중대한 어둠의 역사가 드러났다. 마리아 로사 헨슨 할머니는 필리핀에서, 마르디엠 할머니는 인도네시아에서 처음으로 자신의 위안부 체험을 증언했다.

리경생 할머니는 북한 최초의 증언자였다. "과거를 밝히고 편안해지고 싶었다. 며칠을 고민한 뒤 방송국에 연락했다"고 증언하게 된 심정을 밝혔다.

리경생 할머니는 1917년 6월 29일에 함경북도 어랑군에서 가난한 소작농의 딸로 태어났다. 외동이었다. 세 살 때 부모님이 전염병으로 차례로 세상을 떠났다. 그녀를 데려다 키운 할머니도 3년 후 세상을 떠났다. 그때부터는 구걸할 수밖에 없었다. 집집마다 돌아다니며 먹을 것을 동냥했고, 창고나 짚더미에 몰래 들어가 잠을 자면서 생활했다. 이런 생활을 2년 반 정도 했을 때, 이를 보다 못한 노인이 정 씨 성을 가진 지주 집에서 일할 수 있게 소개해주었다.

식은 밥을 먹고 창고 같은 곳에서 잠을 잤다. 아이를 보거나 청소를 하고 물을 길어오기도 했다. 큰 독을 머리에 이고 걷는 것이 어려워 떨어트릴 때도 있었는데, 독을 깨면 이틀간 밥을 주지 않았다.

이처럼 괴로운 생활을 4년간 버텼다. 1929년 12월경, 방에 있던 리 할머니는 마당이 소란스러워 밖을 내다보았다. 이장이 칼을 찬 헌병 세 명과 함께 와 있었다. 손가락으로 리 할머니가 있던 방을 가리켰다. 이장은 "고생이 심하니 공장에서 일하게 해주겠다"고 말했다. 이장은 억지로 할머니를 문 쪽에 세워져 있던 트럭에 태웠다. 밤이라 트럭 안은 어두웠다. '짐이 쌓여 있구나'라고 생각했다. 하지만 짐이 아니라 여자 네 명이 묶여 있었다.

끌려간 곳은 경상남도 창원의 산속에 지어진 공장이었다. 나중에 화약과 수류탄을 만드는 군수공장이라는 걸 알았다. 다른 여성들과 공장부지에 있는 건물에 집어넣었다. 같은 모양의 단층 목조 건물 다섯 동이 나란히 서 있었다. 건물 안은 작은 방들이 있었다. 이미 많은 여자가 있었고, 모두 나이가 리경생 할머니보다 위였다. 경상도 출신의 여성도 있었다. 리경생 할머니를 집어넣은 방은 '8호실'. 일본인 간호사가 입고 있던 옷을 모두 벗으라 했다. 유카타로 갈아 입어야 했다. 조선어는 사용하지 말라고 당부했다.

다음 날 아침 보리와 콩을 섞은 주먹밥 하나와 단무지가 배급되었다. 음식을 먹지 않고 있는데, 육군 군복을 입은 일본인 장교가 방으로 들어왔다. "천황을 위해 몸을 바치겠다면 좋은 대우를 해주겠지만, 말을 안 들으면 죽여 버리겠다"고 위협했다. 그날부터 공장에서 일하는 게 아니라 장교의 손발을 씻기거나 손톱을 잘라주면서 시중을 들었다.

20일 정도 지났을 때였다. 여자들을 모두 공장 광장에 한 줄로 정렬시켰다. 장교들은 정렬한 여자 중 마음에 드는 사람을 골라 데리고 갔다. 그날 밤 리경생 할머니는 '도고'라는 장교에게 강간당했다. 당시 리경생 할머니의 몸은 왜소했다. 불과 열두 살이었다. 질이 찢어져 방 안은 피투성이가 되었다. 다음 날 아침 군의관과 간호사에게 치료받기는 했지만 장교는 거의 매일 밤 리경생 할머니를 덮쳤다.

몇 주가 지나 장교를 대신하여 병사들이 오기 시작했다. 하룻밤에 10~20명. 일요일에는 더 많은 병사가 찾아왔다. 병사를 상대하다 기절하는 일도 있었다. 반드시 콘돔을 사용해야 했지만, 사용하지 않는 병사도 있었다. 일주일에 한 번 군의관의 성병 검진이 있었다. 성병에 걸리면 606호라는 매독 치료용 주사를 맞았다.

이 군 위안소에는 20여 명의 여성이 있었다. 경상북도 안동에서 끌려온 열여덟 살 여자는 너무도 많은 병사를 상대하다가 견디지 못하고 상대의 몸을 깨물면서 강하게 반항했다. 그러자 병사는 그녀를 알몸으로 닭 잡듯 다리를 묶어 전봇대에 거꾸로 매달았다. 하루가 지나 그녀는 죽기 직전의 상황이었지만 "시키는 대로 할 바에는 죽는 게 낫다"고 외쳤다. 이를 들은 병사들이 그녀를 때려죽였다. 그리고 머리와 팔, 다리, 몸을 따로 토막 내었다.

이 상황을 모두 지켜본 리경생 할머니는 울며 소리치다 기절했다. 병사들이 리 할머니를 억지로 깨워 "똑똑히 봐라! 시키는 대로 하지 않으면 이렇게 된다"고 위협했다. 여성의 사체를 가마니에 싸서 공장 근처에 흐르는 크고 깊은 강에 던져 버렸다. 반항하다 죽은 여자는 이외에도 여러 명 있었다.

1933년 1월에 생리가 시작되었다. 열다섯 살이었다. 그해 3월 리경생 할머니가 임신한 것을 눈치챈 장교는 군의관에게 이를 확인하라고 지시했다. 할머니에게 "천황에게 충성을 다하지 않는 조선인의 아이는 필요 없지만 너는 아직 쓸모가 있다"고 말했다. 임신 3개월이 되었을 때 공장 안 병원에서 자궁채로 태아를 들어내는 수술을 받았다. 리 할머니는 수술 때 군의관 외에 간호사가 한 명 있었던 사실과 등에 전신 마취 주사를 맞았다는 사실을 기억하고 있었다. 들어낸 태아는 일본도로 잘게 조각내어 토막 낸 여자의 시체를 던져버렸던 강에 내다버렸다. 군의관은 상처를 치료해 주었다. 리 할머니는 "군의관이 나를 치료해준 이유는 조금이라도 빨리 병사들을 다시 상대하게 해야 했기 때문이었을 거다"라고 말했다. 그해 5월 중순부터 할머니는 원래 생활로 돌아갔다.

리경생 할머니는 같은 고향에서 온 여자 네 명과 도망갈 계획을 세웠다. 장교들은 리경생 할머니의 방에서 먹고 마시다 남은 술을 그대로 놓고 갔다. 남은 술을 조금씩 병에 모아 화장실 근처에 있는 땅속에 묻어두었다. 이렇게 모은 술 세 병으로 보초들을 취하게 만들려는 요량이었다.

장교들은 토요일과 일요일에는 가정으로 돌아갔다. 할머니는 이 때를 노려 작전을 펼쳤다. 처음에는 보초들에게 혼나고 쫓겨났다. 할머니가 세 번째로 술을 권하자 "가지고 오라"고 했다. 장교들과 달리 보초들은 마음껏 술을 마시지 못하는 처지였다. 이 작전은 성공했다. 철조망 아래를 파내어 밖으로 나간 다음 여자들은 서로 갈라져 도망쳤다. 리경생 할머니는 산속으로 들어가 전선이 없는 쪽으로 향했다. 운 좋게도 노부부가 그녀를 숨겨주었지만, 일본의 지배가 끝난 1945년 8월 15일까지 항상 추격자를 두려워하며 지내야 했다.

"일본에 의해 아이를 낳지 못하는 몸이 되었고, 여든이 넘어도 의지할 사람이 없어 외롭게 지내고 있습니다. 자고 있으면 옛날 일이 떠올라 눈물이 나요."

속아서 위안부가 되다.

같이 온 동생에게 도움을 받으며 간신히 서 있는 유선옥 할머니의 배에는 배꼽 위부터 아래까지 크고 오래된 상흔이 남아 있었다. 리경생 할머니와 마찬가지로 군의관이 자궁째로 태아를 꺼낸 흔적이었다.

유선옥 할머니는 1923년 9월 6일, 한반도 북단 함경북도 경흥

유선옥 할머니의 배에는 오래된 상흔이 그대로 남아 있었다.

기억하겠습니다

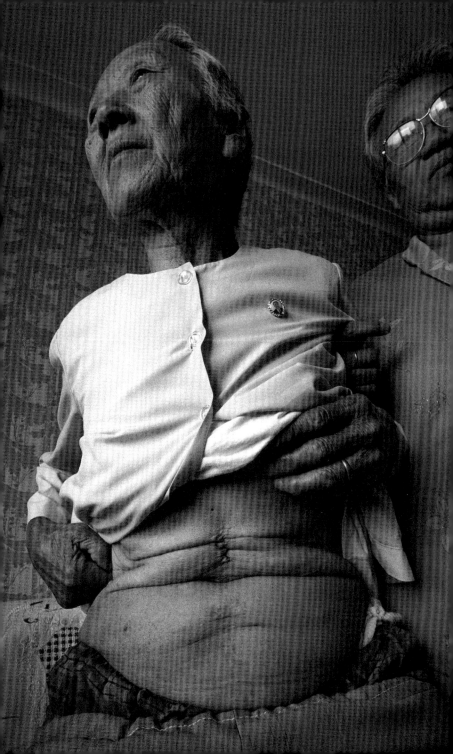

군(지금의 은덕군)에서 태어났다. 중국, 소련과 맞닿아 있는 국경 지역이었다. 농가라고 하더라도 피(곡물)를 먹으며 근근히 살아야 하는 극빈의 생활이었다. 갑자기 나타난 '미야모토'라는 사람이 말한 공장 일에 유선옥 할머니는 마음이 동했다.

다른 소녀 두 명과 함께 도착한 곳은 중국 동북지방의 목단강이었다. 가로 3미터, 세로 1.5미터 정도 되는 방에 들어갔다. 할머니는 '다케코'라고 불렸다. "따라온 것이 잘못"이라고 생각했지만, 때는 이미 늦었다.

처음에는 하루에 5~6명 정도였지만 많을 때는 15명의 병사를 상대해야 했다. 기절해도 정신차리면 다시 병사들이 덮쳤다. 그러다 불행하게도 아이를 갖게 되었다. 낙태하고 이후 임신을 막기 위해 태아가 든 자궁을 들어냈다. 상처가 아물자 바로 병사들을 상대해야 했다.

중얼거리듯 작은 목소리로 체험을 이야기하던 유선옥 할머니는 "몸서리치는 증오를 지금도 지울 수가 없다. 아이를 못 낳게 만든 일본에게 복수할 일념으로 살아왔다. 그때의 병사들을 다시 보면 찔러 죽이고 싶다"고 말했다. 이후 나의 질문에는 거의 대답하지 않았다. 일본인 따위는 보고 싶지 않다는 마음이 역력했다. 1997년 12월에 유 할머니가 증언할 수 있었던 것은 할머니의 남편이 세상을 떠났기 때문이었다.

기억하겠습니다

전신에 남아 있는 문신

비디오카메라의 파인더를 들여다보고 있을 때, 소파에서 일어난 정옥순 할머니가 필자를 향해 다가오고 있었다. 의자에 앉아 있던 나의 팔을 잡더니 호통을 치듯 큰 목소리로 이야기를 이어갔다. 눈앞에 있는 일본인이 자신에게 지독한 학대를 했던 일본 병사와 겹쳐 보이는 듯했다.

일본군에 의해 성노예가 되었던 여성들의 입에서는 일본군이나 일본인에 대한 욕이 어김없이 튀어나왔다. 나에 대한 할머니들의 태도에서 일본인 자체에 대한 혐오감을 분명하게 느낄 수 있었다. 피폭, 강제 동원, 군인, 군속 등의 피해자들과는 달리 일본군의 성노예가 되었던 여성들은 장기간에 걸쳐 온몸으로 가혹한 체험을 겪었다. 이때 입은 피해 때문에 조국이 해방된 후에도 괴로워해야 했다.

정옥순 할머니는 1910년 12월 28일 함경남도 풍산군 파발리에서 태어났다.

1933년 6월 3일 우물에서 물을 기르고 있을 때, 누군가 갑자기 할머니 뒤에서 머리채를 세게 끌어당겼다. 제복을 입은 남자 세 명에게 잡혀서 끌려간 곳은 파발리의 주재소였다. 이곳에서 남자들은 더러운 천을 입에 쑤셔 넣은 다음 할머니를 강간했다. 반항하다 눈을 세게 얻어맞았고 왼쪽 눈의 시력을 잃었다.

열흘 뒤 병사 7~8명과 함께 트럭에 실려 혜산에 있는 일본군

수비대로 끌려갔다. 혜산은 중국 동북지방과 국경이 닿아 있었다. 정옥순 할머니의 집에서 북북동北北東쪽으로 50킬로미터 정도 떨어진 곳이었다. 많은 여자가 각지에서 이곳으로 끌려왔다. 할머니는 하루에 40여 명의 병사들을 상대해야 할 때도 있었다. 자궁에서 피가 흘러나오기도 했다.

같은 해 8월 27일 칼을 찬 병사들이 "하루에 병사 100명을 상대할 수 있는 자는 누구인가" 물었다. 그때에 손을 들지 못한 열다섯 명의 여자는 다른 여자들 앞에서 본보기로 살해되었다. 알몸이 된 여자들의 머리와 발을 병사들이 잡고, 여자들을 못박힌 판 위에 돌돌 굴렸다. 분수처럼 피가 솟구쳤다. 못에는 살점이 들러붙었다. 정 할머니는 "하늘과 땅이 거꾸로 뒤집힌 것 같았다"고 당시의 심정을 표현했다.

병사는 다시 "시키는 대로 하지 않을 자가 아직 있느냐"고 물었다. 그다음 못 판 위에서 굴리다 죽은 여자 한 명의 목을 잘랐다. 정 할머니와 여자들이 울고 있는 것을 본 중대장은 "위안부들이 고기를 먹지 못하니까 고기를 먹고 싶어 울고 있는 게로구나"라고 말했다. 병사들은 죽인 여성의 머리를 가마에 삶기 시작했다. 그리고 정옥순 할머니와 여자들을 목검으로 때리면서 억지로 그것의 국물을 마시게 했다.

정옥순 할머니는 거기까지 이야기하고 그때에 살해당한 여성들의 이름을 손가락으로 꼽으며 한 사람씩 이름을 불렀다.

계월이, 단월이, 명숙이, 개춘이, 분숙이…

중간에 헷갈리면 처음부터 다시 이름을 기억해냈다. 여자들의 이름 다음으로 "수비대의 대장은 '니시하라', 중대장은 '야마모토', 소대장은 '가네야마', 위안소 감독은 조선인 '박' 씨였다"라고 말했다. 정옥순 할머니는 날짜와 사람 이름을 정확하게 외우고 있을 정도로 기억이 선명했다.

1933년 12월 1일 한 장교가 오정해라는 여자의 자궁에 철봉을 쑤셔 박아 살해했다. 다음 해 2월 4일에는 오준이라는 여성이 장교에게 매독을 옮겼다는 이유로 살해당했다. 그녀의 입에 천을 물렸다. 달군 철봉을 자궁에 쑤셔 넣자 즉사했다. 빼낸 철봉에는 살점이 들러붙어 있었다.

일본군의 너무나도 잔혹한 행위를 들으면서 필자도 침울해졌다. 질문도 할 수 없었다. 큰 한숨만 쉴 뿐이었다. 충격적인 이야기는 계속 이어졌다.

혜산에 있던 부대는 여성들을 데리고 중국으로 이동했다. 대만 인접지역에서 잠시 체류한 뒤 1935년 9월 광저우에 도착했다. 시가지에서 12킬로미터 정도 떨어진 곳이었는데, 근사한 건물들이 자리 잡고 있었다.

이듬해 6월 15일 정 할머니와 함께 12명의 여성이 도망갔다가 이튿날 전원 붙잡혔다. "도망가자고 처음 이야기한 사람이 누구냐? 그것만 말하면 주동자 말고는 다 살려주겠다"고 말했지만, 모두 아무 말도 하지 않았다. 정 할머니는 철봉으로 머리를 마구잡이로 얻어맞았다. 그때 상처가 아직도 남아 있었다. 그녀는 멋을 부린 듯 머리에 얇은 천을 쓰고 있었기에 위화감이 느껴졌다. 하지만 그녀의 끔찍한 경험담을 듣고 머리에 천을 쓴 이유를 알 수 있었다.

물고문도 당했다. 정옥순 할머니의 입에 고무호스를 집어넣고 물을 부었다. 부풀어 오른 배 위에 판자를 올려놓고 병사들이 시소를 타듯 짓이겼다. 코와 입으로 물이 뿜어져 나왔다. 이렇게 몇 차례 반복하는 사이 정신을 잃었다.

잔인한 행위는 계속되었다. 정옥순 할머니와 여자들은 밧줄로 발목을 묶은 다음 거꾸로 매달았다. 병사들은 바늘이 잔뜩 박힌 주먹 크기만 한 검은 덩어리를 가지고 와서 먹을 묻혔다. 그리고 정옥순 할머니와 다른 여자들의 입을 억지로 벌리고 그것을 억지로 쑤셔 넣었다. 정옥순 할머니는 앞니가 부러지고 심한 통증 때문에 다시금 정신을 잃었다.

입뿐만이 아니라 전신에 문신을 새겼다. 병사들은 여성들을 죽이기 전에 맨몸에 낙서를 했다. 마차에 실고 온 여성들을 군인들이 들판에다 버렸다. 그 광경을 한 중국인 남자가 보고 있었다. 그는 일본 병사가 사라지자 숨이 붙어 있던 여성 두 명을 찾아내서 두

정옥순 할머니의 입술 안쪽과 혓바닥에는 진한 감색의 반점이 남아 있었다.

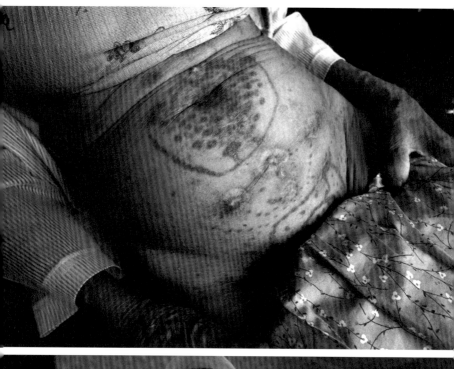
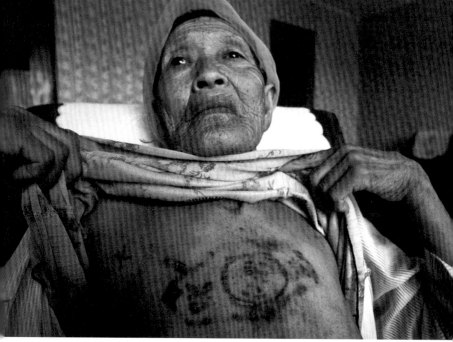

달간 정성껏 간호했다. 그의 도움으로 정옥순 할머니는 기적적으로 살아남았다.

정옥순 할머니 몸에 새겨진 문신을 보았다. 할머니가 손가락으로 뒤집은 입술 안쪽에는 선명하게 짙은 감색의 반점이 남아 있었다. 흐릿해지기는 했지만, 혓바닥에도 푸르스름한 흔적이 몇 곳 있었다. 혓바닥을 너무나 많은 바늘에 찔려서 그때부터 말하기도 힘들어졌다. 완전히 나을 수가 없었다. 인터뷰 당시에도 할머니는 말하는 게 불편해 보였다. 등 아래쪽에는 등뼈를 따라 둥근 점이 염주처럼 줄줄이 그려져 있었다.

나는 가슴과 복부의 문신을 보고 나도 모르게 큰 소리를 내고 말았다. 무엇을 그린 것인지 알 수 없지만, 아이가 낙서한 것 같은 모양이 뚜렷하게 남아 있었다.

'내선일체'를 내세우면서도 지배하고 있던 조선으로부터 수많은 젊은 여성을 납치하여 인간으로서의 존엄을 모두 빼앗았다. 벌레만도 못한 인간인 양 짓밟았다. 정옥순 할머니의 온몸에 깊게 새겨진 문신은 수많은 이야기보다도 일본이 행한 조선 지배의 실체와 '황군'의 본질을 명확하게 증명해주고 있었다.

문신은 정옥순 할머니의 가슴부터 하복부까지 새겨져 있었다.

일본에 대한 격렬한 분노

김영숙 할머니(1927년 1월 24일생)의 경험담을 듣기 위해서 만경대의 언덕 위에 지어진 량강 호텔을 찾았다. 눈 아래로 대동강의 큰 하류가 펼쳐졌다. 호텔의 현관 앞에는 조국에서 장기 체류하면서 공부하고 있던 재일조선인 여학생들이 환성을 지르며 공놀이를 하고 있었다.

평안남도 온천군에서 살고 있던 김영숙 할머니는 평안북도 태천군에서 태어났다. 심한 생활고에 시달리던 어머니는 가족을 버리고 도망갔다. 아버지는 일본인이 경영하는 금광산에서 일하다가 일본인 현장감독의 혹독한 폭행으로 사망했다. 할머니와 남동생 두 명만이 남았다. 당시 열 살이었던 김영숙 할머니는 지주의 세 번째 첩의 집에서 일하게 되었다.

"물독을 깨거나 실수하면 엄청 혼이 났습니다. 나는 날이 밝을 때부터 밤하늘에 별이 빛날 때까지 눈물 마를 날이 없었어요."

김 할머니의 고생사는 끝일 줄 몰랐다.

"열세 살 때 일본인 순사가 찾아와 '여기서 이렇게 고생하지 말고 돈 벌 수 있는 곳으로 가자. 맛있는 것도 먹고, 예쁜 옷도 입을 수 있다'고 이야기했어요. 이 순사를 따라갔던 곳은 중국 동북부의 센양潘陽(일본이 세운 괴뢰국가인 만주국 때는 '봉천')이었습니다. 그곳에는 많은 일본군이 있더군요. 순사는 나를 '나카무라'라는 장교에게 넘겼습니다. 나는 속았던 거예요."

위안소는 산골짜기에 자리하고 있었다. 높이 5미터 정도 되는 담이 둘러쳐 있었다. 건물은 목조 단층이었다. 30여 개의 방이 통로 양쪽으로 이어져 있었다. 김 할머니의 이야기는 계속되었다.

"그날 밤 내 방을 찾은 나카무라는 나를 힘으로 쓰러뜨리고 내 위로 올라와 덮쳤습니다. 하지만 내가 너무 어려서 자신의 욕망을 채울 수 없자 그는 내 성기를 칼로 찢었습니다. 나는 정신을 잃었습니다."

할머니는 장교에게 거의 죽을 뻔한 적도 있었다. 김영숙 할머니가 가네무라라는 장교의 말을 잘 듣지 않자 그는 "시키는 대로 안 하면 간을 빼먹겠다"고 협박한 것이다. 할머니는 주눅 들지 않고 장교를 힘껏 밀쳐냈다. 그는 일본도로 김 할머니의 가슴을 베었다. "상처를 보라"며 김영숙 할머니는 필자의 질문에는 아랑곳하지 않고 입고 있던 저고리를 벗었다. 맨몸이 드러났다.

가슴에서 복부까지 세로로 20센티미터 정도의 선명한 상흔이 남아 있었다. 꽤 깊은 상처인 듯 보였다. 김 할머니는 자신의 온몸에 남아 있는 다른 상처들을 하나하나 설명했다. 어깨와 엉덩이에는 단도로 찔린 상흔이 몇 군데 있었고, 오른쪽 무릎에는 몇 번이나 병사들의 군화에 차여 뼈가 부러진 흔적이 남아 있었다.

"하루에 20~30명의 병사를 상대해야만 했습니다. 임신해서 배를 가르기도 했어요. 군견에게 물리기도 했지요. 여성들이 하나둘 죽어나가는 것을 보았다"고 김영숙 할머니는 소리치듯 이야기했다.

너무도 악독한 일본군의 행위를 듣고 할 말을 잃었다. 대학을 막 졸업한 젊은 여자 통역가는 정확하게 통역해주었다. 말에는 분노가 넘쳤다.

김영숙 할머니가 동원되었을 때 이 위안소에는 25명의 여성이 있었다. 이중에는 중국인과 백인이 한 명씩 있었고, 나머지는 모두 조선인이었다. 그 코 큰 백인과는 말이 통하지 않았다. 장소가 중국 동북지방이라는 것을 감안하면 아마 러시아인으로 추측된다.

부대 안에는 조선인 군무원도 몇 명 있었다. 1945년 3월, 김 할머니는 군무원이던 김상국과 죽음을 각오하고 탈출했다. 당시 그 위안소에서 살아남아 있었던 여성은 오직 다섯 명뿐이었다.

해방 후 김영숙 할머니는 자신을 도와주었던 김상국과 함께 조선으로 돌아와 같이 살았다. 하지만 한국전쟁으로 남편은 전사했다. 그후 혼자 살았다.

"약이 없으면 걸을 수가 없어요. 한밤중에 소변을 보기 위해 일곱 번은 일어나야 해요. 나는 사람다운 생활을 하지 못해요. 나카

김영숙 할머니의 오른쪽 무릎에 남아 있는 상처. 이 때문에 김 할머니는 지팡이를 사용하지 않으면 걸을 수가 없었다.

기억하겠습니다

무라나 가네무라 같은 범죄자는 벌을 받아야 합니다. 일본에 가서 일본인을 칼로 다 찔러버리고 싶어!"

일본을 향한 분노를 순식간에 털어놓은 김영숙 할머니는 험악한 표정을 감추지 않았다. 이야기를 좀더 듣고 싶었지만 인터뷰를 계속하는 것은 불가능했다. 다리를 움직이기 힘든 할머니는 함께 온 여자의 부축을 받으며 방에서 나갔다.

미군이 촬영한 위안부가 확인되다

박영심 할머니(1921년 12월 15일생)와 처음 만난 것은 1998년 5월이었다. 인터뷰 도중에 "일본인과는 말하기 싫다"며 몇 번이고 이야기를 그만두려 했다.

1938년 3월경 평안남도 남포시(1945년까지는 진남포)에서 살고 있던 박영심 할머니는 일본인 순사의 손에 이끌려 중국 난징에 있던 위안소로 동원되었다. 이곳에서는 '와카하루若春'라는 이름으로 불리웠다. 약 3년이 지난 다음 대만을 경유해서 싱가포르로 이동했다. 여기서 약 1년간 있다가 미얀마의 랑군으로 끌려갔다.[2]

약 2년 후 중국 운난성雲南省, 중국명으로 쑹산松山인 라모拉孟의 일본군 부대에 설치된 위안소로 옮겼다. 이곳은 전쟁 중이었다.[3] 《라모-옥쇄전장의 증언拉孟-玉砕戦場の証言》(太田毅, 昭和出版, 1984)은 "라모에 위안소가 개설된 것은 1944년 말"인데 조선인 열다섯 명과 일본인 다섯 명의 위안부가 있었다고 기록하고 있다. 연합군의 공격을 받으면 여자들은 방공호로 도망쳤다. 이런 상황에서도 하루에 30~40명이나 되는 병사들을 상대해야만 했다."

미군에서 장비를 제공받고 훈련받은 장개석이 이끄는 중국 국민당군의 부대가 일본군에 대공세를 전개했다. 이 대공세로 '미얀마방면군 제56사단'의 '라모수비대' 약 1,300명은 1944년 9월 7일에 전멸했다.[4] "군기를 태우면서 만세를 부르고 있는 일본군을 보고 여기 있다가는 우리도 모두 죽겠구나 싶어 도망쳤다"고 박영심 할머니는 증언했다. 조선인 여성들은 일본군에게 살해당하거나 폭격으로 사망했다. 여성들 네 명만이 살아남았다. 박영심 할머니 일행은 밭에 있는 옥수수를 따서 씹어 먹으며 걸었다. 산을 넘어 중국군과 만났다. 하지만 억울하게도 일본군과 함께 쿤밍昆明의 포로수용소에 수용되었다.

중국군에게 잡혔을 때 미군이 그녀들의 사진을 찍었다.[5] 박영심 할머니는 사진에서 배가 불룩한 여성을 가리키며 본인이라고 말했다. 위안소에 있는 여성들을 촬영한 사진은 극히 일부밖에 발견되지 않고 있다. 이런 상황 속에서 미군이 촬영해 '미국국립문서기록보관청'에 소장된 공적인 사진에 나오는 성노예 피해자가 자신의 이름을 밝히고 증언한 여성들 중에 있다는 것은 획기적이고 무척 중요한 증거다.

《라모-옥쇄전장의 증언》은 라모에 있었던 여러 일본구의 증언이 실려 있다. 그중 제56사단의 '보병 제113연대 제1기관총소대 아라마키荒牧 소대'에 있었던 전 상병 하야미 다다노리早見 正則는 이렇게 증언했다.

"쿤밍의 수용소에는 (…) 모두 4명의 일본인 위안부가 수용되어 있었다. 조선인 위안부는 5명만 수용되어 있다고 알았기 때문에 라모에 있었던 15명 중 10명은 죽었을 지도 모른다. 미군이 촬영한 형구橫股의 호에 관한 설명에는 '이 호 안에는 일본군 13명과 위안부 2명의 사체가 있었'라고 기록되었는데, 다른 위안부는 다른 호에 있거나 탈출 도중 사망한 것으로 여겨진다."

이 뒤에 중요한 사실이 기록되어 있다. "조선인 위안부 중 '와카하루'라는 스물두 살의 여성은 본명이 박영심이라고 했다. 노래를 잘하고 억척스러웠지만 괜찮은 여자였다. 다니谷 군조[6]의 천막에서 빨래 같은 것을 해주었다." 이 다니 군조는 '보병 제113연대 제2대대 본부'의 다니 유스케谷 祐介 주계(군대에서 회계를 관장하는 사람) 군조이다.

박영심 할머니는 필자에게 "경리를 맡고 있었던 '다니'라는 군

미군이 촬영한 것으로 임신하고 있던 자신이 찍힌 사진을 들고 있는 박영심 할머니.

기억하겠습니다

인이 도와주었다"라고 진술했다.

할머니는 위안소에서 임신했다. "배 속에 아이가 움직이고 있었지만 출혈이 심했다. 중국인 의사가 수술해주기는 했지만 아이는 죽어 있었다"고 할머니는 말했다. 1998년 나는 할머니의 복부에 남아 있는 큰 수술자국을 목격했다. 수용된 지 7개월 후 박 할머니는 네 명의 조선인 여성과 함께 김구가 이끄는 '대한민국 임시정부'로 인도되었다. 그리고 1946년 2월에 인천을 거쳐 북위 38도선 북쪽에 있는 고향으로 돌아갔다.

한반도 북쪽에서 만주와 중국으로

북한에서 전후 보상에 힘쓰고 있는 민간단체 '조선·일본군 성노예 및 강제 동원 피해자 문제 대책위원회'(이하 대책위원회)에 따르면 북한에서 일본군 성노예가 되었다고 증언한 사람은 219명이다. 2009년, 인구 약 5000만 명인 남한에서 이름을 밝히고 정부에 등록한 피해 여성은 237명. 2013년, 인구 약 2400만 명의 북한에서 증언한 여성의 비율은 한국의 약 두 배에 이른다. 북한에서는 일본에 의한 조선 지배에 대하여 철저하게 비판해왔기 때문일 것이다. 증언한 피해 여성들의 용기에 대하여도 국가가 대대적으로 칭송하고 있는 정치적 조건도 증언하기 쉬운 환경을 조성한 듯하다.

북한에서 이름과 얼굴을 밝힌 피해 여성 중 필자의 취재와 대책위원회의 자료를 대조해 42명의 출신지와 동원된 곳을 분류했다.

출신지(고향)를 당시 행정구분으로 나누면 한반도 북측은 함경북도 2명, 함경남도 2명, 평안북도 3명, 평안남도 8명, 황해도 8명, 강원도 1명, 평양 2명으로 모두 26명. 남측은 서울(당시의 경성) 3명, 충청남도 1명, 경상북도 2명, 경상남도 2명, 전라북도 4명, 전라남도 4명으로 모두 16명이다.

동원된 곳은 중국 동북지방(만주)[7]이 27명으로 압도적으로 많고, 한반도가 5명, 중국과 싱가포르가 3명, 그리고 한반도와 중국, 일본과 중국, 싱가포르, 싱가포르와 미얀마, 대만, 인도네시아, 미얀마가 각각 1명 있었다.

증언의 특징과 신빙성

북한에서 증언한 성노예 피해 여성의 증언 내용을 남한 피해 여성과 비교해 보면 특징이 있다. 북한 여성이 남한 여성보다 일본군 위안소에서 병사들에게 극도로 잔인한 취급을 받은 사람이 많았다. 그것은 동원된 장소가 다르기 때문이라고 생각한다. 한반도 남쪽에서는 부산에서 배를 타고 '남방'이나 일본으로 동원된 사례가 많았지만, 북쪽에서는 만주와 중국이 압도적으로 많았기 때문이다.

북한 피해 여성들의 증언 내용이 거짓이거나 과장되었다는 목

소리도 있다. 군의 위안소에 극심하게 강한 분노와 공포심을 느낀 피해 여성들은 심적 외상 후 스트레스 장애에 의해 마음의 깊은 상처를 입었다. 그것은 지금도 여러 형태로 그녀들을 괴롭히고 있다. 과거의 기억을 왜곡하고 있을 가능성도 있다. 반세기가 넘는 과거의 경험이기 때문에 기억에 틀린 곳이 있을 수도 있다. 나는 남한과 북한에서 만난 14명의 피해 여성들이 틀린 내용을 의도적으로 진술했다고는 생각지 않는다. 증언은 거의 사실이라고 판단하고 있다. 이는 다음과 같은 이유 때문이다.

1. 일본군에 의해 극도로 잔인한 취급을 받았다고 이야기하는 피해 여성들이 있다. 그 증언 내용을 검토하였지만 의심스러운 점은 없었다.

여성이 임신하면 자궁채로 태아를 적출했다

피해자는 리경생 할머니와 유선옥 할머니. 유선옥 할머니의 배에는 배꼽 위에서부터 아래까지 칼로 베인 상흔이 남아 있다. 남한인 피해 여성 중에서도 장기간 성노예 생활을 강요당한 결과, 전쟁이 끝난 후 자궁 적출 수술을 받아야 했던 사람들도 있었다. 이 때

만주의 쑤이펀허로 동원된 로농숙 할머니. 한상효 씨는
1994년부터 혼자 사는 로 할머니를 돌보며 함께 살고 있다.

문에 리경생 할머니와 유선옥 할머니가 수술을 받았던 때가 성노예 기간 중이었는지 아니면 전쟁이 끝난 후였는지 명확하게 짚어볼 필요는 있다. 두 사람의 상처를 찍은 영상을 한 현역 산부인과 전문의에게 보여주고 의견을 물었다. 그는 군의관을 지낸 경험이 있는 외과부장의 수술을 과거 자신이 근무했던 병원에서 본 적이 있었다. 그는 영상을 보고 난 뒤 이렇게 말했다.

"산부인과 전문의라면 조금이라도 수술 흔적을 남기지 않기 위해 가능한 한 조그맣게 조심스럽게 절개한다. 하지만 두 사람의 상처가 지저분한 것은 외과의가 절개했기 때문이 아닐까 싶다. 군의관에는 외과의나 내과의가 많다. 자궁만 적출하려면 10∼15센티미터의 흔적이 남지만, 자라난 태아를 자궁째로 적출하기 위해 배꼽 위까지 갈랐을 가능성이 있다."

"수술 일주일 후에 다시 병사들을 상대해야만 했다"고 유선옥 할머니는 진술했다. 이에 대해서는 "산부인과 의사라면 절대로 허락하지 않았겠지만 외과의 출신 군의관이라면 수술 후 일주일 후에 실밥을 제거하고 허락했을 수도 있다"라고 했다. 즉 복부에 남은 두 사람의 상처는 군의관의 수술로 생겼을 가능성이 매우 높다.

도망쳤다는 이유로 전신에 문신을 했다

정옥순 할머니의 가슴과 복부 등에 남아 있는 문신은 무엇을 그린 것인지 알 수 없다. 장난치듯 재미 삼아 낙서한 모양이다. 그리고 묵을 묻힌 바늘 다발 같은 것을 앞니가 부러질 정도로 입에 쑤셔 넣었다고 하는 극도로 폭력적인 행위는 살인을 전제로 하지 않고서는 불가능하다. 병사들에 의한 문신은 일본군 위안부를 제재하고 처벌하는 수단인 듯하다.

일본군은 여성들의 도주를 막기 위하여 문신을 했다. 일본에 있는 유일한 재일한국인 피해 여성인 송신도 할머니의 왼팔에는 중국의 군 위안소에서 부르던 이름인 '가네코金子'가 문신으로 남아 있다.

인육을 끓인 국을 마시게 했다

인육 국을 강제로 마시게 곳은 정옥순 할머니가 있었던 한반도 혜산과 리복녀 할머니(1919년 4월 18일생)가 있었던 만주로 소련과 국경 인접지역이었다.

리복녀 할머니의 증언을 '거짓'이라고 단정하는 사람도 있다. "동물의 생머리로 국물을 낸다는 발상은 생선 음식분화가 숭심인 일본인 발상이 아니라 다름이 아닌 조선인의 음식문화에 기인한 발상이다"[8]라고 설명하고 있다.

일본 병사들이 사람 머리를 삶은 것은 자신들이 마시기 위해서가 아니라 조선인 여성에게 마시게 하기 위해서였다. 여성들의 반항을 억누르고 강한 공포심을 주기 위해 잔혹한 방법을 생각해냈던 것이리라.

뉴기니아와 필리핀 전장에서는 인육을 먹었던 일본인 병사가

많다. 매독을 치료하기 하기 위해 인간의 뇌와 간을 먹은 병사들도 있다.[9] 전장에서 반복되었던 일본군의 행위를 살펴보면 군 위안소에서 여성들의 생머리로 고아낸 국물을 마시라 강요하는 것은 특별하다고 할 수 없을 지도 모른다.

일본군은 패전을 앞두고 군 위안소에서 집단 학살을 자행했다

중국 각지로 끌려 다녔던 김대일 할머니가 있던 중국의 군 위안소에서는 일본이 패전하기 12일 전, 일본군은 조선인과 중국인 여성 약 150명을 칼로 목을 베어 살해했다.

일본군에 끌려가 필리핀에서 성노예가 되었던 로사리오 노프에트(1927년 10월 17일생) 할머니는 이렇게 기억했다.

"미군 공격이 시작되기 전인 1944년 6월 무렵, 퇴각하려던 일본군이 주둔지에 있었던 위안부 등 필리핀 사람 40명을 모았습니다. 눈가리개를 하고 바닥에 엎드리게 하고는 목을 베었어요. 저도 칼로 베였지만 운 좋게도 살아남았지요. 그때 입은 상처가 아직도 남아 있습니다."

화니타 하모트(1924년 11월 12일생) 할머니와 루피나 페르난데스(1927년 7월 10일생) 할머니도 퇴각하던 일본군이 다른 여성들과 함께 죽이려고 했지만, 기적적으로 살아남았다.[10]

이처럼 군인들은 일본군 성노예로 동원된 여성들을 아주 쉽게 학살했을 것이다. '황군'이 저지른 국가범죄의 '증거'를 인멸하기 위

해서였다.

　2. 필자가 북한에서 만난 14명의 일본군 성노예 피해자는 피해를 증언했던 219명 가운데 가장 가혹한 경험을 한 피해자로 골랐을 것으로 추측한다. 북한이 성노예 피해 여성들의 체험을 국제사회에 알리기 위해서는 상징적이고 극단적인 사례를 선택하는 것은 당연하다고 할 수 있다. 이렇게 하면 피해의 전체상을 그리기는 어려울 수 있다. 하지만 증언 내용은 사실로 여겨진다.

　3. 북한에서 증언한 많은 피해 여성은 일본군이 공산당군, 국민당군과 전투를 벌였던 중국이나 조선인의 항일 투쟁이 활발하게 전개되었던 만주, 또 조선 내 국경지대라는 전장의 위안소에 있었다. 이 때문에 중국에서 일본군이 여성들에게 행한 비인도적인 잔혹한 행위를 똑같이 당할 수밖에 없었다.[11]

　4. 필자가 북한에서 취재한 피해 여성들은 2001년에 74세부터 84세 고령으로 대부분 건강 상태가 그다지 좋지 않았다. 유선옥 할머니 등은 지팡이 없이는 서 있을 수도 없었다. 말도 겨우 할 수 있는 상태였다. 죽음이 목전인 사람도 있었다. 이런 상태의 여성들이 다른 사람의 지시를 받아 이야기를 만들어 내기란 도저히 불가능한 일이다.[12]

　필자는 오랜 시간을 두고 지금까지 한국, 북한, 대만, 필리핀, 인도네시아, 중국의 성노예 피해자 약 90명을 만나 취재를 했다. 다른 나라의 피해 여성들과 비교해 보더라도 북한의 피해 여성들의 증언 내용에 부자연스러운 부분은 없었다.

• 이 글은《평양에서의 고발平壤からの告発》(風媒社, 2001)에 수록된 〈성노예가 된 여성들性奴隷にされた女性たち〉을 가필한 것이다.

---

1 조선인을 일왕에 충실한 일본인으로 바꾸기 위해서 '일본과 조선은 하나'라는 동화정책을 실시했다. 이 동화정책의 선전을 위해 만들어진 표어다. 구체적인 동화정책으로 일본어 사용, 신사 참배, 창씨개명 등을 강요했다.
2 《'軍慰安婦'関係資料集成》(龍渓書舍)에 수록된 '미국전쟁정보국' 자료에는 라모에서 약 180킬로미터 거리에 있는 미얀마의 미치나Myitkyina에서 포로가 된 조선인 위안부 20명에 대한 심문 보고서가 있다. 연령은 19~31세로 평균을 나이 23세. 출신지는 경상남도 11명. 경상북도

4명, 평안남도 2명, 경기도 2명, 전라남도 1명. 일본군은 조선인 위안부 703명을 미얀마로 출항시켜 1942년 8월 20일경 랑군에 상륙했다고 기록하고 있다.

3   중국 동부를 일본군에게 점령당한 장개석군은 미얀마 경유해서 미군의 물자 보급을 받았다. 이를 차단하기 위해 일본군은 미얀마를 침공했다.

4   라모에서 있었던 일본군의 옥쇄에 대해서는 《拉孟・騰越 玉砕の実像》(雲龍会), 《拉孟-玉砕戰場の証言》 등 많은 기록이 있다.

5   《1億人の昭和史 日本の戰史10》(毎日新聞社, 1981)에 게재된 이 사진의 설명문에는 9월 3일에 촬영한 것으로 되어 있다.

6   [역주] 옛 일본 육군의 하사관 계급의 하나로 오장伍長의 위, 조장曹長의 아래로 우리나라의 중사에 해당한다.

7   군의관이 하던 위안부의 성병 검진 자리에 동석했던 '간토헌병대' 헌병 쓰치야 요시오土屋芳雄는 중국동북지방에 있었던 군 위안소에 대한 인터뷰에서 이렇게 대답했다. '처처하얼시에는 군전속 위안소가 세 곳 있었다. 두 곳은 조선인 여성이었고, 나머지는 일본인 여성이었다. (…) 그녀들은 하루에 2~30명의 병사를, 많을 때는 50명 가까이 상대해야 했다. 밤이 되면 장교의 차례였다. 심한 격무로 인해 병에 걸린 여성도 적지 않았지만, 성병 이외에는 거의 휴식을 할 수 없는 실태였다.'(朝日新聞山形支局, 《聞き書き ある憲兵の記録》, 朝日新聞社, 1991)

8   藤岡信勝, 《汚辱の近現代史》, 德間書店, 1996.

9   "심한 매독에 걸린 병사가 있었는데 어디선가 중국 소녀의 뇌를 먹으면 매독이 낫는다는 이야기를 듣고 중국 소녀를 죽이고 뇌를 먹었다는 이야기도 있었습니다."(鈴木良雄・元五九師団曹長, 《季刊 中帰連》 5号, 中国帰還者連絡会) "흐-하고 숨을 죽이며 보고 있는데, 소대장은 단숨에 왼손을 스윽-하고 갈비뼈 안쪽 깊숙이 넣어 만지작거렸다. 마침내 피투성이 손으로 검붉은 고깃덩어리인지 핏덩어리인지 모르는 것을 꺼내어 피 묻은 칼로 잘라냈다. 생간이었다! (…) 그것은 음탕부패한 생활로 얻은 악질의 병을 아무도 모르게 치료하기 위하여 (…) 오직 그 이유 때문에 저지른 일이었다."(関東庁奉天警察署警佐・藤岡順一, 《三光》 第1集, 中国帰還者連絡会)

10 졸저인 《写真記録 破られた沈黙 アジアの '従軍慰安婦' たち》(風媒社, 1993)에 자세한 취재 기록이 있다.

11 중국에서 일본군의 성범죄에 대해서는 《季刊 中帰連》 6호와 《季刊 戰争責任研究》 13호, 17호 〈日本の戰争責任資料センター〉에 역사학자 가사하라 도쿠시笠原十九司의 논문에 자세하게 서술되어 있다. 가사하라는 중국에서 출판된 《侵華日軍暴行総録》에 수록된 일본군의 성범죄에 대한 기록을 정리했다. 내용을 보면 강간한 뒤 하복부를 갈라 살해한 여성들이 많다. 아이부터 노인까지 여성들을 강간했고, 임신한 여성의 배를 갈라 태아를 꺼내기도 했다. 성기에 총검이나 이물질을 쩔러 넣기도 했고, 타인끼리 성교하게 시키기도 했다.

12 필자가 2013년 6월까지 북한에서 취재한 성노예 피해 여성은 모두 14명. 그중 세상을 떠난 사람은 13명이었다. 그 사람들이 처음 취재한 해부터 몇 년 후에 사망했는지 조사해보았다. 2001년에 2명, 2003년에 1명, 2005년에 2명, 2006년에 2명, 2008년에 1명, 2009년에 2명, 2011년에 2명, 2013년에 1명이다.

무궁화에 둘러싸여

일본군 위안부 김학순 할머니의 죽음

일본대사관 앞에서 김학순 할머니의 '노제'를 지내는 피해 할머니들.

기억하겠습니다

이 길은 몇 번이나 지난 적이 있었다. 중앙병원에 입원 중인 강덕경 할머니의 병문안을 가기 위해 걸었던 길이다. 강덕경 할머니는 1997년 2월에 세상을 떠났다. 나는 같은 해 12월 16일에 73세의 일기로 세상을 떠난 김학순 할머니의 장례식에 참석하기 위해 걷고 있다.

일본대사관 앞의 노제路祭

병원 영안실에서는 예정된 오전 9시를 기다리지 못하고 장례식이 시작되고 있었다. 할머니들은 방구석에 앉아 눈물을 훔치고 있었다. 김학순 할머니가 다니던 개신교 동대문교회의 신자들이 부르는 찬송가가 울려 퍼지며 장례식은 진행되었다.

가스펠 가수인 홍순관의 맑고 아름다운 노래 소리를 들으니 눈물이 날 것 같았다. 그는 할머니들에게 바치는 노래를 작사, 작곡하여 콘서트에서 불러오고 있었다. "왜 젊은이들은 우리를 도와주지 않느냐"라는 김학순 할머니의 말이 계기였다고 했다.

'노제'라고 하여 한국에서는 집이나 장례식장 앞 노상에서도 별도의 의식이 행해진다. 김학순 할머니의 경우 일본의 사죄와 배상을 요구하며 계속해서 오고갔던 일본대사관 앞에서 노제가 치러졌다. 관을 실은 버스가 대사관 앞에 서자 피해 할머니 13명이 버스 앞으로 나란히 섰다. 150명 정도 되는 참례객, 그리고 몇 배나 되는 경찰기동대가 그들을 둘러쌓다. 이런 묘한 풍경 속에서 노제는 치러졌다.

1991년 8월, 김학순 할머니는 자신이 일본군의 성노예였다는 사실을 스스로 밝혔다.

김학순 할머니는 중국의 길림성에서 태어났다. 할머니가 태어난 지 얼마 되지 않아 아버지가 세상을 떠났다. 어머니는 평양으로 가서 김학순 할머니를 키웠다. 양아버지의 손에 이끌려 일을 찾아 북경으로 갔지만 일본군에게 잡혀 군 위안소로 끌려갔다.

필자는 실명을 드러내고 자신의 경험을 공개한 기자회견이 있은 지 2개월 뒤 김학순 할머니를 만났다. 그는 긴장한 표정으로 "일본군에게 당한 일이 언제나 마음속에서 지워지지 않습니다. 이를 죽기 전에 털어놓고 후련해지고 싶었다"며 증언하게 된 이유를 말했다.

이런 심정은 다른 피해 여성들도 마찬가지였다. 남한만이 아니라 북한, 필리핀, 대만, 인도네시아 등의 각국에서 봇물 터지듯 피해자들이 김학순 할머니의 뒤를 이어 증언했다. 지금까지 2만 명 이상 증언했다. 어둠 속에서 사라지려 했던 일본의 중대한 국가 범죄가 피해자들의 용기로 밝혀진 것이다.

무궁화 꽃을 사랑했다

관은 서울의 북쪽에 있는 화장터로 옮겨졌다. 김학순 할머니가 "여기는 몇 번이나 와봤다"고 중얼거리는 듯하다. 할머니들이 세상을 떠날 때마다 왔던 곳이다.

화장이 늘어나고 있기는 했지만, 한국에서는 무덤이 일반적이었다. 나는 김학순 할머니가 화장을 택한 이유는 혈육이 없기 때문이라고 생각했다. 하지만 그게 아니었다. 그녀의 무덤은 화장하지 않으면 묻을 수 없을 정도로 작았다. 그게 이유였다.

아침부터 쭉 영정을 안고 있던 29세의 여성이 김학순 할머니와의 추억을 들려주었다. 1996년 8월 15일 광복절, 피해 여성이던 손판임 할머니의 집으로 놀러온 김학순 할머니가 "오늘은 이걸 걸어야지"라며 태극기를 흔들며 말했다. 그녀는 태극기를 많이 사놓았다가 걸고 있지 않은 집이 있으면 찾아가 나누어 주었다고 했다.

장례 행렬이 충청남도 천안에 도착했을 때는 이미 날은 어두워지기 시작했다. '망향의 동산'에 할머니 묘지가 준비되어 있었다. 작은 묘비가 줄지어 서 있었다.

김학순 할머니는 이미 3년 전에 이 묘를 구입했다. 겨우 20만 원이었다. 돈이 없었기 때문에 아니었다. 그녀는 세상을 떠나기 직전에 "나보다 가난한 사람들에게 전해주었으면 한다"며 전재산 약 2000만 원을 교회에 기부했다.

김학순 할머니와 함께 묘를 샀던 황금주 할머니는 "저기 잔디에 앉아 둘이서 즐겁게 술을 마셨다"며 김학순 할머니의 옆에 자리 잡은 자신의 묘석을 손으로 쓰다듬으며 숙연하게 이야기했다.

무궁화 꽃을 사랑했던 김학순 할머니는 베란다에 작은 묘목을 길러 꽃을 피웠다. 시장에서 상자 가득 조화를 사온 적도 있었다. 김학순 할머니의 유골은 무궁화 꽃잎에 둘러싸여 묻혔다.

김대중 전 대통령이 배상 교섭을 약속

장례식이 치워지던 1997년 12월 18일은 대통령 선거 투표일이었다. 그날 밤 김대중 후보가 대통령으로 당선이 확정되었다. 정대협 김윤옥 공동대표는 "김대중 후보가 새로운 대통령이 되어 위안부 문제 해결에 희망이 생겼다"고 말했다.

김대중 후보는 수십 개의 여성단체가 대통령 후보자를 불러 11월에 개최한 공청회에서 "식민지 지배 청산을 위해 위안부 문제를 국가의 외교 과제로 다루겠다"고 공약했다.

이에 앞서 1997년 9월 15일 김대중 후보가 그의 부인과 함께 할머니들이 사는 '나눔의 집'을 방문했다. 그는 일본과 배상 교섭을 하겠다고 할머니들과 약속했다. 이 때문에 그녀들은 장례식이 시작되기 전에 투표소로 가서 모두 김대중 후보에게 투표했다고 한다.

김대중 후보와 이번 선거에서 연대한 김종필 자민련 명예 총재는 당시 중앙정보부 부장으로서 '한일기본조약'을 체결하는 과정에서 당시 외무대신인 오히라 마사요시와 비밀회담을 열고 '청구권 문제'를 합의한 인물이었다. 이 결정은 한국인 피해자들이 주장하는 모든 배상 여부를 일본 정부가 부정하게 된 근거가 되었다. 새로운 대통령이 할머니들과의 약속을 실현시키기 위해서는 경제 위기뿐만이 아니라 해결해야 하는 과제가 많았다.

남한 정부에 피해자라고 신고한 할머니는 190명 가까이 있었다. 그중 약 20명이 신고한 후에 세상을 떠났다고 했다. 김학순 할머니의 장례식에 참석했던 심미자 할머니는 심장박동이 심해져 장례식 도중 병원에 갔다가 입원했다. 그녀는 "내가 죽으면 와주겠냐"고 나에게 물었다. 가슴이 메는 듯했다.

일본군에게 능욕당하고 마음에 큰 상처를 안고 살았지만 아버지는 독립운동가였고, 그녀 자신은 경건한 크리스찬이었던 김학순 할머니. 그는 조선 민족의 여성으로서 자랑스럽게 살아가려고 했다.

가까웠던 할머니들이 국민기금을 받는 상황 속에서도 분명하게 이를 거부했던 점에서도 그녀의 올곧음을 느꼈다.

일본군 위안부의 피해 경험을 세상에 털어놓고 나서 6년 동안 첫 증언자로서 누구보다 무거운 짐을 안고 살았을 것이다.

나는 김학순 할머니의 작은 묘에 한 삽 흙을 떠서 덮었다. 그리고 말을 건넸다.

"고생 많으셨습니다. 감사합니다."

《주간금요일》 1998년 2월 6일자

김학순 할머니와 모녀처럼 지낸 배우 허길자 씨가 묘 속에 무궁화 꽃을 넣었다.

지은이 후기

용서할 수 없는 행위

이 책을 집필하게 된 이유는 일본군에 의해 성노예가 된 여성들의 증언을, 다시금 우리 사회에 전하는 것의 중요함을 통감했기 때문이었다. 일본군 성노예 문제에 대한 일본의 이해는 점점 후퇴하고 있다. 중학교 역사 교과서에서 피해 여성들에 대한 기술이 줄거나 삭제되었다. 그리고 일본 정치가들은 "피해 여성들을 강제적으로 동원한 사실이 없다" "피해 여성들의 증언은 거짓이다"며 역사적 사실을 부정하는 망언을 계속하고 있다. 일본군의 관여를 인정한 '고노 담화'마저 재검토하려 하고 있다. 피해 여성들이 가진, 여전히

장례식을 치른지 2년 뒤 찬비가 내리는 어느 날, 나는 김학순 할머니의 묘를 다시 찾았다.

치유되지 않은 상처 위에 소금을 뿌리는 결코 용서하기 힘든 언행들이다. 이는 아시아태평양전쟁을 '성전聖戰'으로 정당화하고 미화시키려는 일본 정치가들의 강한 야망과 민족 배척주의로 흘러가는 일본사회의 상황을 강하게 반영하고 있다.

인터넷 웹사이트 등에서는 피해 여성들의 증언에 꼬투리를 잡고 있다. 증언의 '모순점'이나 다른 자리에서 진술한 내용과의 '다른 점'을 자잘하게 왈가왈부하면서 증언 전체의 신빙성을 부정하려고 하고 있다. 하지만 이런 행위는 아무런 의미도 없다. 납치를 당해 감금 상태에 있었던 피해 여성들이 기록을 남길 수 있는 수단은 없었다. 이 때문에 그녀들은 자신들의 피해를 약 반세기가 지나 당시를 기억해내며 증언하고 있는 것이다. 세세한 것을 잊어버렸거나 '기억'이 틀렸다고 해서 이상할 것도 없다.

피해 여성들은 유교사상이 강하게 남아 있는 남한과 북한 사회에서 이름과 얼굴을 공개적으로 밝혔다. 이는 돈을 목적으로 거짓말하며 할 수 있는 일이 아니다. 피해자라는 입장이지만 군 위안소에서 받은 심각한 성적 피해는 결코 타인에게 알려지지 않게 필사적으로 숨겨왔던 비밀이었다. 그럼에도 불구하고 증언하게 된 이유는 일본이 저지른 결코 용서할 수 없는 행위를 고발하기 위해서였다.

피해 여성에 대한 강제동원이 공문서에 기재된 여부에 집착하여 증언을 극단적으로 경시하는 사람들도 있다. 일본은 패전이 확실해지자 전쟁 범죄가 문제시되는 것을 막으려고 식민지와 점령지를 포함하여 모든 일본군과 정보기관에 있던 문서를 철저하게 소각했다. 이 때문에 '증거'가 되는 공문서가 남아 있다면 이는 기적에 가깝다. 피해 여성들이 피를 토하는 심정으로 들려준 증언을 정면으로 받아들이는 것이야말로 사실에 다가갈 수 있는 길이다.

필자는 남한, 북한, 필리핀, 인도네시아, 중국, 네덜란드 등의 피해 여성을 취재해왔다. 그중 남한에서는 26명, 북한에서는 14명을 취재했다. 인터뷰 대부분은 통역을 통해 이루어졌다. 피해 여성들의 인터뷰를 문서화할 때는 몇 번이고 취재했던 사람의 첫 인터뷰를 기본으로 했다. 이는 모두 처음 만났을 때 가장 진지하게 경험을 얘기해주었기 때문이다. 그렇기 때문에 이 책에 나오는 피해 여성들이 현재의 일과 생활 실상에 관해 이야기한 내용은 모두 첫 인터뷰 때 취재한 것이다. 한국의 피해 여성 가운데 생활의 궁핍을 호소한 사람도 있었지만, 1998년부터 한국 정부의 생활지원금이 지급되기 시작하면서 생활 상황은 크게 개선되었다.

이 책에 게재된 피해자 증언의 대부분은 졸저인 《증언 종군위안부·여자근로정신대証言従軍慰安婦·女子勤労挺身隊》(風媒社, 1992)와 《깨어진 침묵破られた沈黙》(風媒社, 1993), 그리고 잡지에 발표되었던 것이

다. 이번 출판을 위해 취재 노트를 다시금 확인하고 숫자 등의 잘못된 부분을 정정하고 설명이 부족한 부분을 보충했다.

피해 여성들은 일본에 대한 불신과 실망을 안은 채로 세상을 떠나고 있다. 하지만 일본이 행한 이 부끄러운 행위는 언제까지고 역사에서 지워지지 않을 것이다. 언젠가 반드시 해결해야 하는 때가 올 것이다. 사실을 말살하려고 하지 말고 일본의 미래를 위해 이 어둠의 역사와 정면으로 마주해야 할 필요가 있다.

일본군에 의한 성노예 피해자에 대하여 일본은 어떻게 마주할 것인가는 일본이라는 나라가 인권과 차별, 억압에 대해 얼마나 진지하게 임하는지를 보여주는 척도이기도 하다. 이 때문에 일본군 위안부 문제와 직접 이해관계가 없는 미주, 유럽 등의 나라에서도 높은 관심과 우려를 표하고 있는 것이다.

일본을 두 번 다시 사회적 약자와 타민족을 차별·배제·공격하는 사회로 만들지 않기 위하여 일본 정부는 아시아 태평양 등의 여성들을 성노예로 만들었다는 역사적 사실 관계를 철저하게 밝혀야 한다. 그리고 피해 여성들이 요구하는 사죄와 배상에 대하여 책임 있는 국가로서 성의 있는 대응이 요구된다.

2014년 1월
이토 다카시

우리는 얼마나 기록하고 있는 것일까?

20여 년 전 일이다. 도쿄 시부야에 있는 한 사진갤러리에서 그와 마주했다. 사진전의 주제는 분명히 기억이 나지 않는다. 어렴풋하게 일본의 식민지 지배로 강제 동원되어야 했던 조선인에 관한 전시회였던 듯하다. 작은 규모의 전시장이었다. 일본어도 못하던 시절이라 사진을 둘러보고 전시장 한편을 지키던 그와는 이야기도 나누지 못하고 나왔다.

그리고 자신을 돌이켜 보았다. 1990년대 말에 나는 독재의 억압에 대항하며 분출하던 시위 현장을 돌아다니며 사진을 찍고 있었다. 무엇을 찍어서 어떻게 발표하겠다는 생각도 정리되지 않은 채로 분노한 거리를 돌아다녔다. 프리랜서 사진가라는 이름조차 낯설던 시절이었다. 사진을 찍어도 발표할 수 있는 지면은 없었다. 신문과 잡지는 모두 자사 기자들의 사진으로도 넘치던 시절이었으니.

그런 방황과 모색의 시간 속에서 일본의 프리랜서 사진가들과 만나게 되었다. 정말 운이 좋았다. 한 후배의 소개로 재일교포 유학생 간첩단 사건의 가족과 한국 양심수 가족을 주제로 작업하던 일본인 사진가 마키다 기요시와 만났다. 그와의 만남을 계기로 조선인의 강제 동원, 조선인 원폭 피해자, 일본군 위안부 등을 주제로 작업하는 일본 사진가들의 사진집을 접했다.

이토 다카시, 그도 한반도 문제에 관심을 가지고 작업하던 사진가 가운데 한 명이었다. 집요하리만큼 일본의 전쟁 책임을 추궁하는 주제만을 사진으로 기록하고 있었다. 그때 사진집으로 만난 이토 다카시의 작업은 놀라움이었다. 일본인이 왜 조선인 문제에 천착하는지에 대한 물음 때문이었다. 이 물음은 곧 부끄러움이었다. 왜 한국인 사진가들은 이런 주제로 작업하지 않는가? 일본인에게 질 수 없다는 경쟁 심리와 반발감은 나 자신을 그런 주제에 달려들게 한 명쾌한 계기가 되었다.

그리고 나도 작업을 시작했다. 강제 동원, 일본군 위안부, 유골 등의 문제를 포함해서 일본 전국을 돌면서 조선인이 강제 동원되었던 흔적들을 기록했다. 오키나와에서 규슈, 일본 본토를 넘어 홋카이도, 사할린까지.

그런 작업의 과정에서 이토 다카시와 다시 만날 수 있었다.

2014년 대구사진비엔날레에서는 '전쟁 속의 여성'을 테마로 한 기획전이 있었다. 이 기획 가운데 하나가 일본군 위안부 문제였다. 중국, 대만 등의 사진가와 함께 이 기획전에 자신도 한 작가로 참여해 이토 다카시와 만났다. 10여 년을 넘어서는 시간의 경과는 느껴지지 않았다. 그는 1990년대 초반에 기록한 한국의 일본군 위안부 사진을 들고 대구에 와 있었다. 한국의 사진가들이 기록하지 않았던 시절에 촬영한 한국의 일본군 위안부 사진을 가지고.

반갑게 서로의 작업을 확인했다. 그가 선물이라며 자신의 사진집을 건냈다. 그것이 이번에 번역한 《기억하겠습니다》였다. 일본군 위안부의 강제성을 부인하는 당시 하시모토 도루 오사카의 망언에 분노해 과거에 출간했던 작업 가운데 남과 북의 일본군 위안부 피해 할머니들에 관한 내용을 골라 정리한 사진기록집이었다.

순간 반가움과 부끄러움이 교차했다. 이토 다카시의 사진 작업은 전쟁 책임을 호도하고 있는 일본 정치가들에 대한 분노이자 저항의 기록이었기 때문이다. 우리가 하지 못했다면 그의 작업을 소개해야 한다고 다짐했다.

그는 한국어판 서문에서 일본군 위안부 취재만큼 "정신적으로 힘들었던 취재는 없었다"고 고백했다. 일본 정부가 직면해야 하는 피해자들의 '분노와 증오'를 감내하면서 그는 할머니들과 만나 고통의 기억들을 듣고 사진으로, 글로, 영상으로 담아 세상에 내놓았다.

《기억하겠습니다》를 번역하면서 가장 난처한 문제가 하나 있었다. 한국어를 하지 못하는 이토 다카시가 통역을 통해서 일본어로 정리해서 인용한 할머니의 언어들을 어떻게 우리말로 되살리는가의 문제였다. 정신대연구회 등이 어려운 환경 속에서도 녹취 작업을 해서 출판한 일본군 위안부 피해자들의 증언집이 있다. 우리에게는 너무도 소중한 피해의 기억이다. 일본 정부가 강제성을 입증하는 정부 문서가 없다고 오리발을 내밀 때 들이밀 수 있는 온몸에 남은 상처의 기록이기 때문이다. 그의 책에서 할머니들의 숨결을 보다 생생히 느끼게 하고 싶다는 간절한 바람이 있었다. 그가 녹음한 테이프 기록이나 영상을 보았다면 보다 정확하게 할머니들의 언어를 전달할 수 있었을 것이라는 아쉬움은 그대로 남는다.

'역사에서 배우지 않는다면 미래는 없다'는 명제는 언제나 분명하다. 하지만 우리가 교과서를 통해서 배운 식민지 피해의 역사를 우리는 얼마나 기록하고 있는 것일까? 여성이기 때문에 50년 이상의 침묵의 세월을 흘려보내야 했던 일본군 위안부 피해자의 증언만이 아니다. 식민지 지배하에서도 권력을 갖지 못하고, 배우지 못했던 가난한 민중들의 피해의 역사. 기록자로서, 저널리스트로서 식민지 피해의 체험을 얼마나 성실하고 진지하게 귀담아듣고 기록해왔는가를 반성한다.

《기억하겠습니다》만이 아니라 이토 다카시가 30여 년을 넘도록 중단 없이 일본의 전쟁 범죄 피해자들을 만나면서 기록해온 작업을 정리한 사진집이나 단행본 등이 소중하다. 또한 그의 작업장에 반듯하게 정리해둔 취재 기록은 거대한 피해자 체험의 아카이브다. 취재 노트, 사진, 영상과 관련 자료들로 이루어진 피해자들의 기록이 새롭게 정리되어 세상에 나오기를 기대한다.

《기억하겠습니다》의 번역은 이은이라는 번역자가 함께했다.《기억하겠습니다》의 번역을 혼자 하지 않고 공동 작업한 이유는 좀더 많은 사람들이 이 문제에 관심을 가졌으면 하는 바람 때문이었다. 이은은 일본 현지에서 한일 문화교류의 현장에 있었던 사람이다. 이후 피스보트에도 참여했다. 그는 가해와 피해의 역사를 직시해야만 한일의 교류가 진정한 차원에서 풍부하게 될 것이라 믿고 있다. 그와 함께 번역하게 되어 너무나 반갑다.《기억하겠습니다》가 더 많은 독자에게 다가서서 할머니들의 온몸에 새겨진 상처들이 조금이나마 어루만져진다면 하는 바람뿐이다.

2017년 3월
안해룡

텀블벅 펀딩을 함께해주신 분들

강다경	김영건	남EJ	손현화
강민주	김예령	노국희	솔
강유진	김예지	노명희	송승엽
강효원	김예진	노성일	신수진
계선이	김유리	다은	신에립
계성원	김은희	맑은웃음	신은경
계성일	김재성	문관욱	신정훈
공해인	김재희	문수빈	신효빈
곽도영	김준영	박가영	심은아
곽수진	김지선	박미란	심혜란
구민선	김지숙	박선연	아무개씨
구지연	김진명	박선영	안세홍
권오상	김창걸	박세중	안소현
권혜지	김태린	박수정	안예슬
권효원	김택민	박시하	안지혜
김강산	김하윤	박영미	양유미
김남희	김행신	박용희	양정민
김다빈	김헌	박은별	양현숙
김미리	김현	박이슬	염지현
김미소	김현영	박재영	오선영
김민주	김현정	박정아	오청미
김민희	김현정	박주필	오혜린
김보경	김혜림	박진주	유미혜
김보메	김혜영	박진호	유정22
김성욱	김희곤	방민희	유진목
김성은	까또	배용현	유하나
김소라	꿈틀어린이작은도서관	배현경	유혜진
김수정	나세영	백영민	윤고운하나
김수정	난슬	사진가	윤선아
김수진	남수경	생각읍따	윤주희
김슬기	남순이	서예리	이가현
김승호	남유진	서윤희	이경하
김시내	남윤주	서현진	이광욱

이규리	이혜영	정화진	황지현
이미	이혜진	조민아	황지희
이미현	이호진	조성지	황태영
이민경	이후경	조성현	황혜리
이부록	이희정	조세현	후루룩국수
이선정	이희준	조예슬	후루하시 아야
이성수	임상아	조은지	015
이소을	임상철	조정빈	123_199
이슬	임송은	조진구	53
이시시	임인자	주다희	being
이시은	자연	지화진	Eunok Kim
이연행	장수희	진혜진	eyhad
이영아	장유경	최나현	gi****
이영주	장재효	최부섭	Ham Lee
이예림	장혜원	최수연	HEIDI
이윤정	전미애	최윤서	hjo****
이윤행	전은교	최정주	LK
이재원	전호진	최지혜	luckyaswell
이정수	정경화	최지혁	not****
이정우	정규영	최한별	Seon Mi Lee
이종기	정의정	최효선	skw
이주희	정인혜	하이_조	skyjina****
이준희	정준수	한보성	tmd****
이지연	정지운	한성원	won35
이지은	정진명	허다영	Ye ㅕN
이지혜	정진명	허영강	yoon****
이진숙	정하연	허지민	
이혜민	정혜경	황자은	

• 후원자명이 누락되거나 수정 및 삭제를 원하시는 분은 편집부에 문의해주세요.

지은이

    이토 다카시伊藤孝司는 1952년 나가노현에서 출생했다. 포토저널리스트로 아시아 민중의 관점에서 일본의 과거와 현재를 바라보는 취재를 계속하고 있다. 일본이 일으킨 아시아태평양전쟁으로 피해를 입은 아시아의 사람들과 일본이 관계한 아시아의 대규모 환경 파괴 현장을 취재해 잡지와 방송을 통해 발표했다. 일본과 한국, 일본과 북한의 관계에 대한 취재도 힘을 기울이고 있다.

    저서로는《지구를 죽이지마라−환경 파괴 대국 일본地球を殺すな! 環境破壊大国·日本》(風媒社, 2004),《히로시마·평양ヒロシマ·ピョンヤン》(風媒社, 2010),《평양에서의 고발平壌からの告発》(風媒社, 2001),《속·평양에서의 고발続·平壌からの告発》(風媒社, 2002),《파괴된 침묵破られた沈黙》(風媒社, 1993),《아시아의 전쟁 피해자들アジアの戦争被害者たち》(草の根出版会, 1997),《버려진 황군棄てられた皇軍》(影書房, 1995),《원폭피해자 기민原爆棄民》(ほるぷ出版, 1987) 등이 있다. 다큐멘터리로는〈히로시마·평양ヒロシマ·ピョンヤン〉〈아리랑 고개를 넘어アリラン峠を越〉 등이 있다.

옮긴이

    안해룡은 사진가이며 다큐멘터리 감독이다. 전시기획자 등 텍스트와 사진, 영상을 넘나들면서 작품을 만들고 있다. 1995년부터 한국, 중국, 일본 등에 있는 일본군 위안부 피해자들을 사진과 영상에 담는 기록 작업을 했다. 다큐멘터리 영화〈나의 마음은 지지 않았다〉〈다이빙벨〉을 감독했다. 현재는 일본에 있는 재일한국인의 역사, 조선인이 관계한 일본 현지의 전쟁 유적을 사진과 영상으로 기록하고 있다. 저서로는《북녘 일상의 풍경들》(현실문화, 2005), 역서로는《몇 번을 지더라도 나는 녹슬지 않아》(바다출판사, 2016),《가부키초》(눈빛, 2014),《공습》(휴머니스트, 2008),《미디어 리터러시》(커뮤니케이션북스, 2001) 등이 있다.

    이은은 경희대학교를 졸업하고 한일교류전문가다. 현재 일본문화와 행정 분야에서 주로 일하며 일본어통번역가로 활동하고 있다.

기억하겠습니다 – 일본군 위안부가 된 남한과 북한의 여성들

1판 1쇄 펴냄 2017년 3월 31일
1판 5쇄 펴냄 2021년 11월 26일

지은이 이토 다카시
옮긴이 안해룡·이은
펴낸이 안지미

펴낸곳 (주)알마
출판등록 2006년 6월 22일 제2013-000266호
주소 04056 서울시 마포구 신촌로4길 5-13, 3층
전화 02.324.3800 판매 02.324.7863 편집
전송 02.324.1144

전자우편 alma@almabook.com
페이스북 /almabooks
트위터 @alma_books
인스타그램 @alma_books

ISBN 979-11-5992-106-3 03910

이 책의 내용을 이용하려면 반드시 저작권자와 알마 출판사의 동의를 받아야 합니다.
이 책은 한국출판문화산업진흥원의 2017년 출판콘텐츠 창작자금을 받아 제작되었습니다.

알마는 아이쿱생협과 더불어 협동조합의 가치를 실천하는 출판사입니다.

종이 표지_매직쉐도우 110g/㎡ 본문_ 한솔 르네상스 100g/㎡